조윤범의
다시 만난
음악

EBS 제작팀 기획 l 조윤범 지음

YoungJin.com Y.
영진닷컴

조윤범의
다시 만난 음악

All rights reserved. First published by Youngjin.com. in 2026. Printed in Korea
저작권법에 의하여 한국 내에서 보호를 받는 저작물이므로 무단 전재와 무단 복제를 금합니다.
이 책에 언급된 모든 상표는 각 회사의 등록 상표입니다.
또한 인용된 사이트의 저작권은 해당 사이트에 있음을 밝힙니다.

ISBN 978-89-314-8159-4

독자님의 의견을 받습니다.
이 책을 구입한 독자님은 영진닷컴의 가장 중요한 비평가이자 조언가입니다. 저희 책의 장점과 문제점이 무엇인지, 어떤 책이 출판되기를 바라는지, 책을 더욱 알차게 꾸밀 수 있는 아이디어가 있으면 팩스나 이메일, 또는 우편으로 연락주시기 바랍니다. 의견을 주실 때에는 책 제목 및 독자님의 성함과 연락처(전화번호나 이메일)를 꼭 남겨주시기 바랍니다. 독자님의 의견에 대해 바로 답변을 드리고, 또 독자님의 의견을 다음 책에 충분히 반영하도록 늘 노력하겠습니다.

주 소 : (우)08512 서울특별시 금천구 디지털로9길 32 갑을그레이트밸리 B동 10층 (주)영진닷컴
이메일 : support@youngjin.com
※ 파본이나 잘못된 도서는 구입처에서 교환 및 환불해 드립니다.

STAFF
저자 조윤범 | **기획** EBS 제작팀 | **총괄** 김태경 | **진행** 김서정 | **디자인·편집** 강민정
영업 박준용, 임용수, 김도현, 이윤철 | **마케팅** 이승희, 김근주, 조민영, 김민지, 김진희, 이현아
제작 황장협 | **인쇄** 제이엠

프롤로그

여러분, 클래식 음악을 처음 만난 건 언제였나요?

어렸을 때 학교에 다니면서 교과서로 배울 때였을 겁니다. 음악 교과서를 펼치면 악보와 음표 같은 음악의 기초적인 이론이 등장하고, 동요를 배우다 곧 모차르트와 베토벤, 바흐의 이야기로 넘어갑니다. 자연스럽게 음악학원이나 개인 레슨을 경험하면서 악보를 보며 간단한 연주를 하고 노래를 부르게 됩니다.

저는 음악가로서 학교 음악교육의 목적을 생각해 보았습니다. 학생들이 읽는 교과서가 우리 전공자들이 다루는 지식까지 담고 있지는 않습니다. 다만 교가나 애국가 같이 간단한 노래의 악보를 읽을 수 있고, 종교활동에서 찬송가나 찬불가를 따라 부를 수 있는 정도의 지식을 다루죠. 악보를 몰라도 대중음악을 듣고 그 매력을 알 수도 있지만, 음악을 만드는 창작 활동을 위해서는 기초 음악이론이 필요합니다. 또 작곡가 5명 정도에 관한 정보를 익혀 두면 사람들과 교양 있는 대화를 나누기 좋겠죠. 음악 교과서 덕분에 간단한 음악 상식을 가지고 살아가는 분들이 많을 겁니다.

그런데 우리가 배운 음악 교과서에는 이보다 훨씬 많은 정보와 커리큘럼이 담겨 있었습니다. 평생 음악을 전공한 우리도 깜짝 놀랄 만큼 세밀하고 정교한 내용을 다루었다는 말인데요. 아마 모든 분야의 교과서가 마찬가지일 겁니다. 이미 우리가 배운 교과서에 간단한 상식 수준의 지식을 넘어 더 깊이 있는 이야기가 있었다는 것을 나중에 알게 되는 경우가 많습니다. 단순히 주입식 교육이라며 폄훼할 만한 내용은 아니었는데 말이죠. 성인이 된 우리는 비로소 교과서를 어떤 시스템으로 활용하느냐가 중요한 것이었다는 점을 깨닫곤 합니다.

그렇다면 학창 시절과 함께 떠나버린 교과서 속 지식을 다시 불러올 수는 없을까요? 사실 아주 좋은 방법이 있습니다. 교과서에서 배웠던 정보를 그때와 다른 관점으로 대하는 것입니다. 어릴 때 관심이 없었던 작곡가들의 성장 과정과 결혼, 직장 생활 이야기는 성인이 된 독자 입장에서 공감이 잘 됩니다. 음악이 지닌 정치적 의미, 라이벌간의 경쟁과 후원 관계는 이제 여러분의 경험이나 동료에게서 목격되죠.

음악도 색다르게 들릴 것입니다. 성장하면서 들어온 수많은 음악 덕분에 내가 음악에서 매력을 느끼는 요소도 다양해졌고, 호불호의 기준도 명확해졌기 때문입니다. 이는 작곡가의 음악이 세상에 처음으로 나왔을 때 관객이 느끼는 황홀함을 이해할 수 있게 해줍니다. 공연이 초연되었던 극장의 이야기를 들으면 여행에 관심이 많은 분들은 그 극장과 공연을 꼭 보고 싶다는 생각이 들겠죠.

〈나의 두 번째 교과서〉라는 방송과 도서에서 제가 이야기한 것들은 사실 우리의 첫 번째 교과서, 즉 학교에서 이미 배운 이야기일 겁니다. 그러나 이제 그 교과서를 보는 관점을 달리해봅시다. 사회에서 겪은 수많은 경험, 우리가 맛본 인생의 다양한 맛을 토대로 클래식 음악이라는 식당을 다시 찾아가 보는 겁니다. 이번에는 완전히 색다른 맛을 느낄 수도, 정말 맛있는 맛을 느낄 수도 있으니까요.

클래식 음악을 다시, 하지만 조금 더 재미있게 만나봅시다.

목차

목차

1강

클래식 음악의
비밀

클래식 음악은 1000년이 넘는 오랜 시간을 견뎌낸 음악입니다. 시대를 관통하는 힘이 있는 음악이라는 뜻이죠. 도대체 어떤 매력이 있기에 그 긴 시간 동안 살아남아서 현재까지 전해질까요? 학교에서 음악 수업을 들을 때 그 매력을 발견했다면 참 좋았을 텐데 말이죠. 그렇지 못한 사람들이 많아 안타까운 마음입니다.

그래서 음악의 매력을 발견할 수 있는 두 번째 기회를 가지고 제가 찾아왔습니다. 여러분에게 클래식 음악이 가진 매력을 다정하게 전달해 드리겠습니다.

1강의 PLAYLIST

✦

파가니니 주제에 의한 광시곡 - 라흐마니노프

카프리스 24번 - 파가니니

라 캄파넬라 - 리스트

공주는 잠 못 이루고(아무도 잠들지 마라) - 푸치니

카르미나 부라나 - 오르프

위풍당당 행진곡 제1번 - 엘가

화성, 전쟁을 가져오는 자 - 홀스트

1812년 서곡 - 차이콥스키

피아노 트리오 2번 2악장 - 슈베르트

교향곡 7번 2악장 - 베토벤

석양 - R. 슈트라우스

인생에 음악이 없다면
그 인생은 잘못된 것이다.

- 프리드리히 니체

🎼 클래식 음악은 어렵다?

우리는 일상생활에서 음악을 자주 접하게 됩니다. 버스 정류장, 마트, 지하철, 심지어 화장실에 들어갔을 때조차 음악이 들리죠. 그중에서도 유독 클래식 음악이 자주 들릴 겁니다. 듣던 중 너무 좋은 멜로디가 들리면 하던 일을 멈추고 귀를 기울이기도 합니다. '이야, 이곡 괜찮은데? 멜로디가 너무 좋은데?' 이렇게 말이죠.

얼마 지나지 않아 그 음악을 다시 들었을 땐 '어? 저번에 들은 음악인데?'라고 기억하지만, 정작 곡 제목을 알지 못합니다. 클래식 음악은 제목이 어렵다는 특징이 있죠. 그래서 우리가 '멜로디는 알지만 제목은 모르는' 곡이 많은 것인데요, 그러한 대표적인 음악을 하나 들어보겠습니다.

▶ 파가니니 주제에 의한 광시곡-라흐마니노프

관현악, 피아노, 바이올린을 위한 협주곡 형식의 작품이다. 총 24개의 변주로 이루어져 있으며, 특히 마지막 변주는 매우 어려운 피아노 기교를 요한다. 라흐마니노프는 이 곡을 연주할 때마다 '크림 드 민트'라는 술을 마셨다.

부드러운 피아노 선율이 마음을 편안하게 만드는 음악이죠? 피아노 솔로로 시작하는 음악은 중간에 멋진 오케스트라가 함께하며 웅장해집니다. 음악을 듣는 순간 '어, 많이 들어본 음악이다! 그런데 제목을 모르겠네'라는 생각이 들 겁니다.

세르게이 라흐마니노프

　이 곡의 이름은 〈파가니니 주제에 의한 광시곡*Rhapsody on the Theme of Paganini*〉입니다. 줄여서 '파가니니 광시곡'이라고도 부르죠. 이 곡의 작곡가는 피아니스트이기도 한 러시아인, 라흐마니노프*Rachmaninoff*입니다.

　'광시곡'이 무엇일까요? 광시곡의 '광'은 미칠 광狂인데, 마치 미친 듯이 연주하라는 의미처럼 보일 수 있습니다. 하지만 사실 이는 '랩소디'라는 단어를 잘못 번역한 것입니다. 랩소디는 매우 자유로운 곡을 뜻합니다. 즉 '파가니니 광시곡'이란 파가니니를 주제로 한 자유로운 음악이라는 뜻입니다.

　음악은 참 좋은데, 제목은 왜 이렇게 길고, 파가니니는 또 뭘까요?
　니콜로 파가니니*Niccolò Paganini*는 바이올리니스트이자 작곡가입니다. 즉 '파가니니 광시곡'은 원래 파가니니가 작곡한 곡의 멜로디를 라흐마니노프가 가져와 작곡한 것입니다.

니콜로 파가니니

　파가니니는 매우 복잡하고 기교적인 바이올린 음악을 작곡하고 직접 연주하기로 유명한 바이올리니스트였습니다. 전설적인 파가니니의 음악을 듣고 있으면 감탄이 나옵니다. 바이올리니스트가 서커스를 하는 것 같은 엄청난 기교를 뽐내기 때문이죠. 특히 당시 기교 면에서는 누구도 따라올 수 없어서, 바이올린 연주자들에게 악마 같은 존재로 자리 잡았습니다. 클래식 음악이 다른 장르의 음악과 대비되는 가장 큰 차이는 상당히 많은 곡에서 놀라운 기교를 보여준다는 점에 있습니다. 그래서 클래식 음악회에서 음악가들의 공연을 보면 감탄이 나오는 것이죠.

　파가니니가 작곡한 가장 유명한 곡은 '카프리스Caprice'로, 변덕스러운 음악이라는 뜻입니다. 그는 총 24곡의 카프리스를 작곡했고, 그중 마지막 카프리스 24번의 멜로디는 우리에게 매우 익숙합니다. 함께 들어볼까요?

▶ 카프리스 24번-파가니니

〈24개의 카프리스〉 중 24번. 연습곡 형태를 띠는 카프리스는 악장마다 스타카토, 피치카토, 아르페지오 등 고난도의 기술들을 다루고 있다. 특히 24번은 바이올린 독주곡 중 가장 어려운 곡 중 하나로 알려져 있다.

클래식 음악을 별로 좋아하지도 않는 사람들에게도 익숙한 이 곡은 광고에서 많이 활용됩니다. 영화의 극적인 장면에서도 등장하죠. 바이올리니스트가 혼자 화려한 기교를 보이는 것이 인상적입니다. 웅장하면서 자유로운 분위기가 느껴지는 광시곡에 비해 카프리스 24번은 기교적이고 날카로운 멜로디가 느껴집니다.

이 곡이 아까 들은 광시곡과 관련돼 있다는 점, 눈치채셨나요? 힌트는 멜로디에 있습니다. 파가니니의 멜로디를 거꾸로 뒤집으면 라흐마니노프의 멜로디가 되죠.

이렇게 파가니니의 연주에 충격을 받은 작곡가들은 그의 영향을 받아 작곡을 하기 시작했습니다. 그중 '프란츠 리스트*Franz Liszt*'라는 피아니스트는 파가니니의 연주를 듣고 "이야, 정말 대단한데? 악기 하나로 저런 연주를 할 수가 있단 말이야?"라며 깜짝 놀랐습니다. 그래서 그는 "나는 바이올리니스트가 아니라 피아니스트지만, 내가 피아노계의 파가니니가 되겠다!"라고 도전장을 내밀었죠. 그래서 리스트는 엄청난 기교를 뽐내며 피아노를 연주했습니다.

리스트가 남긴 음악 중에서도 파가니니의 영향을 받은 곡이 있습

파가니니 - 24개의 카프리스 중 24번

라흐마니노프 - 파가니니 주제에 의한 광시곡

파가니니의 멜로디를 뒤집으면 라흐마니노프의 멜로디가 된다.

니다. 대표적인 곡으로 〈라 캄파넬라*La Campanella*〉라는 곡이 있는데, 한번 들어보시죠.

▶ **라 캄파넬라 - 리스트**

파가니니가 작곡한 바이올린 협주곡 2번의 마지막 악장, 일명 〈라 캄파넬라〉를 리스트가 피아노로 편곡한 곡으로, 종소리라는 뜻에 더 걸맞는 피아노 도입부를 들려준다. 파가니니 곡들의 연주 난이도 못지않게 피아노곡도 난이도가 매우 높다.

위 선율에 귀를 기울여 보면, '땅땅땅'하는 맑은 소리를 들을 수 있습니다. '캄파넬라'란 '작은 종'을 의미합니다. 즉 이 곡은 작은 종이 울리는 소리를 흉내 낸 곡이죠.

프란츠 리스트

　'라 캄파넬라'는 파가니니가 자신의 바이올린 협주곡 작품에 붙인
별명이었습니다. 파가니니의 곡을 들은 리스트는 이렇게 생각했죠.

　'파가니니가 이 정도 난이도를 연주했다고?
　나는 이 곡을 피아노로 더 어렵게 연주할 수 있어!'

　리스트는 결국 피아노 역사상 연주하기 가장 까다로운 곡 중 하나
를 작곡해냈습니다. 바이올린을 연주하는 모습을 떠올려 보세요. 다
섯 손가락으로 짚어 연주할 수 있는 곡을 열 손가락으로 화음과 반주
를 섞어 더 어렵게 연주하도록 만들어냈다고 생각하면 됩니다. 그래
서 리스트는 '피아노계의 파가니니'라고 불리며 전설적인 작곡가이자
연주자로 인정받았습니다.

이렇게 클래식 음악은 앞서 만들어진 곡의 영향을 받아 선율을 추가해서 새로운 곡을 만든 경우가 많습니다. 그렇기 때문에 클래식 음악은 전통성이 강하죠.

 '전통'이라는 단어에 대해 생각해 볼까요? 한 사람이 전통을 만드는 법은 거의 없습니다. 누군가 새로운 것을 창작하면 뒷세대가 이어받아 더 풍성하게 만들고, 이것이 쌓이고 쌓여 전통을 만들어내죠. 전통이 쌓이고 견고해질수록 사회는 이 전통을 지키기 위해 보수적인 자세를 취하게 됩니다. "이 음악이 바로 정수야. 그러니까 더 이상 이 음악을 발전시키거나 고치지 말고 지켜내자"라는 거죠.

 하지만 이때 누군가 전통을 부수고 새로운 것을 만들어내는 '혁신'을 합니다. 놀라운 혁신에 동조하는 이들이 이어받아 더 풍성하게 만들면 또다시 전통이 만들어지죠. 즉 전통이 만들어져야 혁신이 생기고, 혁신으로 기존의 전통이 부서져야 다시 전통이 만들어지는 겁니다.

 특히 음악은 전통과 혁신을 반복한 발전이 뚜렷한 예술입니다. 어떤 사람은 음악이 다른 예술과 비교가 안 될 정도로 독보적인 예술이라고도 하죠. 그래서 이런 말도 있습니다.

 음악은 말이 끝나는 곳에서 시작된다.

 더 이상 언어로 표현할 수 없는 곳에서부터 음악이 시작된다는 의미입니다.

처음 들어보는 음악은 누구에게나 어렵습니다. 저처럼 평생 음악의 길을 걸어온 사람들도 마찬가지죠. 그럴 땐 어렵기 때문에 듣지 말아야겠다고 포기하기보다 '아, 어려운 음악이네. 복잡해 보이고. 그럼… 한 번 더 들어볼까?'라고 생각해 보세요. '누군가 이런 어려운 음악을 만들었다면, 그 이유가 있겠지?'라는 생각에서부터 출발하는 겁니다. 마치 미로의 입구에 선 것처럼 말이죠. 그 미로를 통과하면 출구에 아주 값진 것이 준비되어 있을 테니까요.

𝄞 듣고 싶어지는 음악, 클래식

이 음악도 들어볼까요? 다양한 오디션 프로그램과 광고에서 자주 활용되는 곡입니다.

▶ 공주는 잠 못 이루고(아무도 잠들지 마라)-푸치니

3막짜리 오페라 〈투란도트〉의 아리아다. 푸치니가 〈투란도트〉라는 환상 속 중국을 배경으로 한 연극을 오페라로 각색한 도전적인 작품이다. 푸치니는 오페라를 작곡하던 중 후두암이 악화돼 세상을 떠났다.

이 음악은 작곡가 자코모 푸치니 *Giacomo Puccini* 가 작곡한 오페라 〈투란도트〉 중 왕자가 부르는 노래인 〈공주는 잠 못 이루고(아무도 잠들지 마라) *Nessun dorma*〉입니다. 〈투란도트〉는 중국을 배경으로 한 오페라로, 웅장한 분위기가 도드라지는 작품입니다.

고대 중국의 투란도트 공주는 구혼하는 남자들에게 수수께끼를 내고 맞히지 못하면 처형합니다. 그중 멸망한 타타르 왕국의 칼라프 왕자가 수수께끼를 모두 풀고, 동이 트기 전에 자신의 이름을 맞히라며 공주에게 역으로 수수께끼를 내죠.

공주님, 이번엔 제가 문제를 내보겠습니다.
저의 이름을 한번 맞혀보십시오.
이 지역에 사는 모두가 제 이름을 모릅니다.

자코모 푸치니

제 이름을 맞히신다면 저를 죽이셔도 좋습니다.
맞히지 못하면 저와 결혼하셔야 합니다.

공주는 왕자의 제안을 받아들였죠.

좋습니다, 왕자님.
저는 이제부터 잠을 자지 않고 동이 트기 전까지 수수께끼를 맞히
겠습니다.

왕국에는 '공주가 잠을 자지 않을 것이니, 오늘 모든 백성들은 잠
들지 마라'라는 명령이 떨어졌습니다. 이 노래는 왕자가 숙소에 돌아
와 새벽을 기다리며 부르는 노래죠.
왕자는 이렇게 노래합니다.

오늘 아무도 잠을 자지 못한다.

당연히 공주도 잠을 자지 않고 내 수수께끼를 맞히려고 할 것이다.

하지만 나는 이 게임에서 승리할 것이다.

반드시 승리할 것이다.

곡 후반부에 들리는 'vincero, vincero'가 바로 '승리'라는 뜻의 단어입니다.

어떠신가요? 우리가 처음에 이 음악을 듣기만 할 때 '굉장히 분위기 있는 음악이네. 전쟁 상황을 묘사하는 오페라인가? 어떤 장군이 노래를 하나?'라고 막연히 생각해 볼 수 있겠죠. 하지만 오페라의 내용을 알면 해석이 완전히 달라집니다. 왕자가 밤에 홀로 숙소에서 달을 바라보며 부르는 노래로, 다음 날 자신의 운명을 생각하는 왕자의 목소리가 긴장되게 느껴집니다. 왠지 오페라 〈투란도트〉를 보고 싶어지지 않나요?

이렇게 하나의 강렬한 임팩트를 느끼면 그 전체를 보고 싶게 되고, 그러다 보면 계속해서 빠져들 수밖에 없는 것. 이것이 바로 클래식 음악의 매력입니다.

🎼 클래식에 담긴 독보적인 웅장함

제가 사람들과 대화를 나누다 보면, 대부분 클래식 음악에 대한 선입견을 가지고 있었습니다. 바로 '느리고 지루한 음악'이라는 인식이죠.

사실 클래식 음악만큼 인간의 다양한 감정을 표현한 장르가 없습니다. 클래식 음악이 지루하다는 선입견이 생긴 건 느린 음악을 위주로 들어왔기 때문이죠. 하지만 강렬하고 빠르며, 심지어 촐랑거리는 것 같은 클래식 음악도 매우 많습니다. 또 예로부터 클래식 음악은 여러 가지 용도로 활용하기 위해 만들어지기도 했기 때문에 인간이 지닐 수 있는 모든 감정을 전부 표현했다고 해도 과언이 아닙니다.

물론 클래식 외 K팝, 힙합 등 대중음악도 다양한 감정을 표현하고 있습니다. 그러나 다른 장르가 도저히 따라올 수 없는, 클래식 음악만의 감정이 한 가지 있습니다. 바로 '웅장함'이죠. 이번에는 이 음악을 들어볼까요? 카를 오르프*Carl Orff*가 작곡한 〈카르미나 부라나*Carmina Burana*〉입니다.

▶ 카르미나 부라나-오르프
11세기에서 13세기까지 독일 보이에른 지역에서 불렀던 세속적 시가다. 가톨릭교회를 풍자하는 등 조롱, 사랑, 음주, 도박에 대한 세속적인 내용이다. 8개의 삽화가 포함된 필사본이 전해진다.

〈카르미나 부라나〉 속 삽화

시작부터 가슴이 끓어오르죠? 오프닝에서 '오, 운명의 여신이여!'라는 가사를 외치며 극적으로 시작합니다. 그러다가 분위기가 갑자기 잠잠해집니다. 합창단의 낮은 목소리가 박자에 맞춰 점점 격렬해지죠.

'카르미나 부라나'는 '부라나의 노래'라는 뜻의 라틴어입니다. '부라나'라는 수도원에서 옛날 악보들이 발견됐고, 현대적인 작곡가 카를 오르프가 악보들로 멋진 합창곡을 만들어냈죠. 웅장하면서도 무시무시한 이 곡은 사실 굉장히 세속적인 내용을 담고 있습니다. '서로 사랑하면서 실컷 즐기며 놀자'라는 내용을 라틴어로 진중하게 부르는 노래라고 보면 됩니다.

이 합창곡은 '칸타타cantata' 형식입니다. 칸타타가 무엇일까요? 사실 칸타타는 클래식 음악 전공자들도 명확하게 설명하기 어려워합니다. 음악 용어 사전을 뒤져봐도 칸타타를 쉽게 설명하는 말이 없기 때문입니다. 그래도 어려운 음악 용어를 사용하지 않은 채 쉽게 설명해 보자면, '음악으로 하는 단편 연극'이라고 이해하면 됩니다. 연극처럼 배우가 동작을 하는 게 아니라, 오직 음악만으로 연기하는 음악인 거죠. 반대로 규모가 크고 길이도 길며 내용도 종교적인 음악을 '오라토리오oratorio'라고 합니다.

이 곡은 오늘날 다양한 현장에서 활용되고 있습니다. 가수 마이클 잭슨Michael Jackson은 자신의 콘서트 오프닝 트레일러에 이 음악을 사용했습니다. 또 '블러드 본Blood Born'이라는 게임 속 음악은 〈카르미나 부라나〉와 매우 흡사한 분위기를 지니고 있습니다. 고딕 분위기에 기괴함을 한 스푼 넣은 느낌이랄까요? 게임의 음악 담당자는 인터뷰에서 여러 가지 클래식 음악에서 영향을 받았다고 밝히기도 했죠.

웅장한 클래식 음악을 하나 더 소개합니다. 에드워드 엘가Edward Elgar의 〈위풍당당 행진곡 제1번Pomp and Circumstance〉입니다.

● **위풍당당 행진곡 제1번-엘가**
엘가는 셰익스피어의 〈오셀로〉 3막 3장에 등장하는 문구 'Pomp and Circumstance'에서 문구를 따와 이 곡을 작곡했다. 멜로디에 맞춰 〈희망과 영광의 땅〉이라는 가사로 불리기도 한다.

에드워드 엘가

현악기들이 복잡한 선율을 자아내며 음악이 시작됩니다. 시끌벅적하고 요란해서 이상할 정도인데요. 그런데 중간에 말 그대로 '위풍당당한' 선율이 등장합니다.

엘가는 영국의 작곡가로, 에드워드 7세의 대관식에서 사용할 목적으로 이 곡을 작곡했습니다. 짧은 행진곡이기 때문에 외국에서는 학교 졸업식에서 많이 사용되죠. 사실 방금 들은 곡은 〈위풍당당 행진곡〉 1번으로, 총 6번까지 있습니다. 그중 마지막 곡은 미완성된 곡이죠. 우리는 '이런 위풍당당한 곡이 6개나 있단 말이야?'라며 다른 곡들도 들어보고 싶어 지게 됩니다. 이것이 바로 클래식 음악에 빠져드는 첫 번째 단계입니다.

♪ 음악 교육이 중요한 이유

음악 교육은 참 중요합니다. 어릴 때부터 음악을 많이 들어야 어른이 돼서 '옛날에 이런 곡을 들었었지. 비슷한 다른 곡도 들어보고 싶다'라고 생각할 수 있게 됩니다. 부모가 자녀를 공연장에 데리고 가는 경험도 매우 중요하지만, 무엇보다 학교 수업 시간에 음악을 많이 들려주는 것이 중요합니다.

한국에서 정규 교육과정에 따라 공부하다 보면 고민이 많아질 수밖에 없습니다. '국어, 영어, 수학 등의 과목을 위주로 공부하고 예체능 과목은 포기해야 하나?'라는 고민을 많이 하고 있을 텐데요. 부모님들도 '아이 악기 가르칠 시간에 영어와 수학 공부에 집중하도록 하는 게 중요하지'라는 생각을 해보셨을 겁니다.

저는 음악가로서 음악이라는 과목이 뒤로 밀려나는 것에 대해 큰 불안을 느낍니다. '카르페 디엠*Carpe diem*'이라는 말을 아시나요? 영화 〈죽은 시인의 사회〉에서 등장하는 명대사로, '오늘을 즐겨라'라는 뜻이죠. 영화에 등장하는 키팅 선생님은 학생들에게 의학, 법, 비즈니스, 기술 같은 것도 숭고한 일이지만, 시, 아름다움, 낭만, 사랑이야말로 우리를 살아있게 하는 것이라고 말했습니다.

우리는 좋은 직장을 얻고 돈을 많이 벌어 풍요로운 생활을 누리기 위해 교육을 받습니다. 그런데 그것이 과연 인생의 마지막 목표라고 할 수 있을까요? 돈은 많아졌지만, 그것만으로 가치 있는 인생이라고 할 수 있을까요? 결국 삶의 마지막 목표는 예술입니다. 나중에야 이것을 깨달았을 땐 '나는 지금 무엇을 해야 하지?'라는 회의감에 빠질 수밖에 없죠.

클래식 음악에 대해 배워야 하는 이유는 이러한 철학적인 이유 외에도 과학적인 이유도 있습니다. 클래식 음악의 복잡한 구조를 이해하고 듣기 시작하면 뇌가 매우 발전한다는 연구가 많습니다. 인생을 살아가면서 논리적인 사고도 중요하지만, 창의력도 무척 중요합니다. 그리고 창의력은 음악을 통해 발달시킬 수 있죠.

작곡가 리하르트 바그너*Richard Wagner*의 음악을 좋아한 니체는 이런 말을 했습니다.

> 인생에 음악이 없다면
> 그 인생은 잘못된 것이다.

조금 극단적인 말이긴 하지만, 니체가 얼마나 음악을 사랑했는지 느껴지죠?

♪ 웅장하지만 신나는 클래식

이제 웅장하면서도 신나는 음악들을 들어보겠습니다. 놀랍게도 이 음악은 자연과학의 영향을 받았는데, 바로 〈행성 *The Planets*〉 모음곡입니다. 화성, 금성, 수성, 목성, 토성, 천왕성, 해왕성으로 이루어진 곡집으로, 각 행성들을 주제로 음악을 만들어냈습니다. 그중 〈화성, 전쟁을 가져오는 자 *Mars, the Bringer of War*〉를 들어볼까요?

▶ 화성, 전쟁을 가져오는 자-홀스트
대규모 오케스트라를 위한 모음곡 중 '화성'을 소재로 한 곡이다. 불협화음과 엇갈리는 리듬이 전쟁을 연상시키며, 빠른 속도로 웅장한 클라이맥스에 다다른다.

음산한 분위기로 시작하는 선율은 뒷부분에서 아주 강렬해집니다. 하이라이트 부분을 들었을 때, 어떤 음악이 한 가지 떠오르지 않나요? 영화 〈스타워즈〉를 보신 분들이라면 '어, 이 음악 〈스타워즈〉에서 들어본 것 같은데?'라고 생각할 텐데요. 사실 서로 다른 곡입니다. 〈Star Wars Suite〉를 작곡한 사람은 존 윌리엄스 *John Williams*, 〈화성〉을 작곡한 사람은 구스타프 홀스트 *Gustav Holst*입니다. 존 윌리엄스가 홀스트의 음악에 영향을 받았다고 하죠.

홀스트는 왜 행성을 주제로 음악을 만들었을까요? 사실 홀스트는 점성학에 관심이 많았습니다. 그래서 화성은 '전쟁을 가져오는 자', 목성은 '기쁨을 가져오는 자'라고 이름을 붙이고 각 주제에 맞게 음

구스타프 홀스트

악을 작곡했죠. 또 강렬한 선율이 도드라지는 〈화성〉을 〈행성〉 모음
곡 중 첫 번째로 앞세우고, 지구에서 가까운 순서대로 곡을 배치했습
니다.

다음으로는 깜짝 놀랄 만큼 웅장한 또 다른 음악을 들어보겠습
니다.

 ▶ **1812년 서곡-차이콥스키**

1812년 보르디노 전쟁을 기념하기 위한 행사곡이다. 오케스트라,
관악기 악단, 성당의 종, 실제 대포 등이 활용되는 웅장한 음악이
다.

표트르 일리치 차이콥스키*Pyotr Ilyich Tchaikovsky*의 〈1812년 서곡*1812*
Overture〉입니다. 곡 중간에 '쾅, 쾅'하는 소리가 들리시나요? 이 소리

의 정체는 바로 대포입니다. 무대에서 어떻게 대포를 쏘냐고요? 옛날에는 대포알을 넣지 않고 소리만 나도록 해서 실제로 대포를 쏘았다고 합니다. 하지만 요즘에는 안전의 이유로 가짜 대포로 대체하거나 큰 북을 때린다고 하네요.

대포를 쏜다는 점에서 알 수 있듯이, 이 곡은 보르디노 전쟁 장면을 묘사한 작품입니다. 1812년, 나폴레옹의 군대가 러시아에 쳐들어왔습니다. 프랑스 군대가 쳐들어오는 순간, 러시아가 이를 격파하기 위해 대포를 쏩니다. 격렬하게 저항한 끝에 러시아가 승리했죠. 차이콥스키의 〈1812년 서곡〉은 이 전쟁을 기념하기 위한 행사용 음악이었습니다.

이 곡은 영화 〈브이 포 벤데타〉의 후반부에서 활용됐습니다. 영국의 언론이 모두 거짓말을 하고 기득권층이 독재를 저지르는 상황에서 많은 사람들이 거리로 나와 국회의사당을 폭파시키는 장면이죠. 저는 이 장면이 클래식 음악이 영화에 적절하게 사용된 예시라고 생각합니다.

♪ 마음을 울리는 클래식

지금까지 웅장한 음악들을 많이 들려드렸는데요. 마지막으로는 사람의 감정을 울리는 음악도 들어보겠습니다.

▶ 피아노 트리오 2번 2악장-슈베르트

슈베르트가 완성한 마지막 작품 중 하나다. 당시 다른 트리오보다 규모가 크며, 4개의 악장으로 이루어져 있다. 이 트리오는 대중으로부터 인정받으며 명성과 소득을 취할 수 있었다.

프란츠 슈베르트*Franz Schubert*의 〈피아노 트리오 2번 2악장*Piano Trio No. 2 II. Andante con moto*〉입니다. '트리오', 즉 피아노, 첼로, 바이올린으로 구성된 3중주입니다. 31세에 요절한 슈베르트가 말년에 작곡한 음악이죠. 차분한 음악이지만 매력적인 분위기 때문에 영화에서 자주 활용됐습니다. 영화 〈배리 린든〉에서 결정적인 장면에 쓰였죠.

이렇게 클래식 음악 중에는 지루하다고 느낄 수 있는 느린 곡도 많습니다. 하지만 느린 음악만이 주는 매력은 다른 어떤 것으로도 대체할 수 없습니다.

이번엔 베토벤의 감동적인 음악을 들어보겠습니다. 〈교향곡 7번 2악장*Symphony No. 7 II. Allegretto*〉입니다.

▶ 교향곡 7번 2악장-베토벤

음울하지만 웅장한 분위기가 도드라지는 곡으로, 전쟁에서 부상당한 병사를 위한 자선 콘서트에서 초연했다. 당시 베토벤은 청력 상실이 악화되고 있었다.

처음에는 느리고 잔잔하게 걸어가는 느낌이지만, 후반부로 갈수록 같은 속도를 유지한 채 점점 강렬해집니다. 영화 〈엑스맨: 퍼스트 클래스〉의 매우 극적인 장면에서 이 음악을 활용했는데요. 바닷속에 숨어있던 모든 잠수함들이 한꺼번에 잘못된 명령을 받고 핵미사일의 버튼을 눌러버립니다. 전 세계가 멸망하는 순간, 장엄한 음악이 흘러오는 장면이 무척 인상적이죠.

저는 평생 음악을 해온 사람으로서, 운전하면서 클래식 음악을 듣는 것을 좋아합니다. 홀로 운전하다가 심금을 울리는 클래식 음악이 흘러나오면 눈물을 흘리기도 합니다.

오늘 마지막으로 소개할 음악은 〈4개의 마지막 노래*Four Last Songs*〉 중 〈석양*Im Abendrot*〉입니다.

▶ 석양-R. 슈트라우스

슈트라우스가 사망하기 직전 죽음을 소재로 작곡한 곡이다. 시 〈석양〉과 헤르만 헤세의 작품에서 영감을 받은 그는 이를 바탕으로 4개의 노래를 썼다.

리하르트 슈트라우스

작곡가 리하르트 슈트라우스*Richard Strauss*는 부인과 평생을 함께하며 애틋한 관계를 유지했습니다. 슈트라우스는 말년에 4개의 노래를 묶어서 발표했는데, 마지막 노래인 〈석양〉이 바로 자신의 부인을 위한 노래였죠.

여기 소망과 기쁨 속에
우리는 손을 잡고 방황했네
이제 우릴 멈추게 해주오
말 없는 대지 위에.

오랫동안 바랐던 휴식이여!
우리는 밤의 부드러운 숨결을 느끼네.
이젠 우리는 지쳤네, 너무 지쳤네.
지금 죽음이 찾아오는 것일까?

함께 손을 잡고 기쁨도, 고통도, 슬픔도 함께해 온 두 사람. 노년을 지나는 부부에게 적막이 감돌고, 지금 서 있는 길이 죽음으로 가는 길이라면 그것을 받아들일 준비가 되어 있다는 의미를 담고 있습니다. 음악이 아니라면 이러한 감정을 어떻게 표현할 수 있었을까요?

지금까지 여러 클래식 음악들을 들어봤는데요. 음악이라는 행복은 쉽게 다가오지 않습니다. 내가 찾아보거나, 직접 가서 들을 때 능동적으로 쟁취할 수 있죠. 평생 좋아하게 될 음악들이 생기고, 어쩌면 별로 맘에 들지 않는 음악이 생길 수도 있겠죠. 이것이 바로 내 안에 음악이 자리 잡는 과정이라고 생각합니다. 수많은 감정들을 표현한 음악들과 함께 클래식 음악에 조금 더 가까워질 수 있는 기회가 되길 바랍니다.

2강

음악의 시대

학교에서 클래식 음악 시험을 칠 때를 떠올려 보세요. '다음 중 음악적 시대의 순서를 올바르게 나열한 것은?' 이러한 문제를 접해본 기억이 있을 겁니다. 음악 시험에 단골로 출제될 만큼 음악은 시대가 명확하게 나뉘는데요. 만약 시대에 따라 음악이 어떻게 변했는지 흐름을 제대로 알게 된다면 굳이 달달 외우지 않아도 머릿속에 자연스럽게 넣을 수 있을 겁니다. 그래서 2강에서는 이름으로 간략하게만 들어왔던 시대가 어떻게 발전해 왔는지, 다양한 음악과 함께 소개해 보겠습니다.

2강의 PLAYLIST

✦

푸가의 기법 제1번 - 바흐

할렐루야 - 헨델

아멘 - 헨델

현악 5중주 미뉴에트 - 보케리니

라크리모사 - 모차르트

피아노 협주곡 5번 2악장 - 베토벤

피아노 4중주 3악장 - 슈만

사탕 요정의 춤 - 차이콥스키

교향곡 7번 3악장 - 드보르자크

눈은 춤춘다 - 드뷔시

짐노페디 1번 - 사티

달에 홀린 피에로 - 쇤베르크

풀치넬라 모음곡 - 스트라빈스키

알맞은 건반을
적절한 타이밍에 누르기만 하면
악기가 스스로 연주한다.

- 요한 세바스티안 바흐

🎼 클래식의 시초, 바로크 시대

클래식 음악이 태동한 시대는 바로크 시대입니다. '바로크Baroque' 란 '일그러진 진주'라는 뜻인데요. 예쁜 진주도 아니고 일그러진 진주 라니, 좋은 말은 아닌 것 같죠? 당시 사람들은 지금까지 음악이 고상 하고 아름다웠는데, 갑자기 새로운 형식의 음악에 장식적 요소가 과 도하게 많아지고 기교가 난무하자 '음, 조금 과장된 음악인데?'라는 생각에 '바로크'라는 말을 차용한 겁니다. 즉 옛날에는 마치 조롱하듯 이 부르던 이름이었죠.

원시시대를 떠올려 볼까요? 누군가 음악을 흥얼거린다고 해 봅시 다. 그러다가 괜찮은 멜로디를 발견해서 이 선율을 기록하고 싶어진 겁니다. 그렇게 '악보'가 탄생했습니다. 오늘날 우리에게 익숙한 악 보와는 조금 다르게 생겼죠.

바로크 시대에 도달하자, 사람들은 이런 아이디어를 떠올리게 됩 니다.

"잠깐만. 누군가 멜로디를 흥얼거릴 때, 동시에 다른 사람이 다른 멜로디를 부르면 어떻게 될까?"

직접 해 보니, 처음에는 잘 맞지 않는 듯했죠. 하지만 이런저런 음 으로 시도하다 보니 듣기 좋은 음이 탄생하기도 했습니다. 2개의 멜 로디를 동시에 부를 수 있게 되자 3개, 4개의 멜로디를 한꺼번에 낼

9세기부터 10세기까지 채보한 그레고리오 성가 악보

수 있다는 사실도 발견했죠. 음악이 복잡해지면서 바로크 시대가 열렸습니다.

바로크 음악을 대표하는 기법으로는 '푸가_fuga_'가 있습니다. 푸가는 한 멜로디가 지나가면 바로 뒤에 멜로디가 따라가고, 그렇게 2개의 멜로디가 겹쳐가는 기법입니다. 즉 돌림 노래죠. 푸가를 작곡에 가장 잘 활용한 작곡가는 바로 요한 제바스티안 바흐_Johann Sebastian Bach_입니다. 솔직히 말씀드리면, 바흐 이후에 등장한 작곡가 중에서도 바흐만큼 전문적으로 푸가를 작곡한 사람이 없을 정도입니다.

그럼 푸가의 대가, 바흐의 곡을 들어볼까요?

〈푸가의 기법〉 악보. 돌림노래처럼 한 멜로디가 동일한 멜로디를
따라가는 것을 확인할 수 있다.

▶ 푸가의 기법 제1번-바흐

푸가 14곡과 카논 4곡으로 이루어진 작품이다. 바흐가 세상을 떠나
면서 마지막 푸가가 미완성인 채로 전해지는 것으로 유명하다. 악
기를 지정하지 않은 채 추상적인 분위기가 특징이다.

〈푸가의 기법 제1번*Die Kunst der Fuge, part 1*〉입니다. 잘 들어보면, 첫
번째 멜로디를 두 번째 멜로디가 따라가는 것을 들을 수 있습니다.
한 사람이 연주하지만, 돌림노래처럼 두 사람이 연주하는 것처럼 들
리죠. 바흐는 이렇게 복잡한 기법인 푸가를 소개하고, 여러 형태로
변형한 푸가도 보여줬습니다.

바로크 시대에는 바흐 말고도 다른 작곡가들도 있었습니다. 대표

요한 제바스티안 바흐

적으로 비발디와 헨델이 있었죠. 게오르크 프리드리히 헨델*George Frideric Händel*은 독일에서 태어나 영국으로 건너간 뒤 귀화한 작곡가 입니다. 헨델은 당시 유행하던 이탈리아식 오페라를 많이 써서 사람들이 아주 좋아했죠. 바흐와 동갑이었지만 바흐보다 더 유명했습니다. 바흐는 대부분 교회에서만 활동한 반면, 헨델은 주로 큰 공연장에서 명성을 쌓았습니다. 헨델의 대표적인 곡으로는 〈메시아*Messiah*〉라는 오라토리오로, 그중 〈할렐루야*Hallelujah*〉라는 곡이 유명합니다.

▶ **할렐루야-헨델**

3부 구성으로 이루어진 〈메시아〉 중 제2부에서 등장하는 합창이다. 예수 그리스도의 고통, 죽음, 부활에 대한 내용과 영광의 전파를 다루고 있다.

게오르크 헨델

교회나 성당에 다니는 분들은 부활절과 성탄절에 자주 듣는 곡이죠. 그런데 오라토리오가 뭘까요? 오라토리오*oratorio*는 규모가 매우 큰, 스토리가 있는 노래를 뜻합니다. 1시간이 넘는 곡도 있고, 오케스트라가 반주를 하면서 노래로 연극을 보여주는 겁니다.

1강에서 등장한 '칸타타'를 기억하시나요? 칸타타는 오라토리오에 비해 내용이 단편적입니다. 반면 오라토리오는 규모도 크고 종교적인 내용을 담고 있죠. 오라토리오인 〈메시아〉 역시 매우 길어서 '할렐루야'가 나오기까지 전혀 모르는 곡이라고 착각하시는 분들이 많습니다. 한참 기다리다가 '할렐루야!'라는 가사가 나오면 갑자기 벌떡 일어나는 분도 계시죠.

〈메시아〉는 〈할렐루야〉를 포함해 여러 곡으로 이루어져 있습니다. 특히 〈메시아〉의 마지막 곡은 〈아멘*Amen*〉이라는 곡으로, 아주 숭고한 합창곡입니다.

● 아멘-헨델

3부 구성으로 이루어진 〈메시아〉 중 제3부에서 등장하는 합창이
다. 최후의 심판, 부활의 예언, 최종적인 승리, 예수 그리스도에 대
한 찬미가 드러난다.

멜로디에 귀를 기울여 보세요. 첫 번째 멜로디를 두 번째 멜로디가
따라가고 있죠. 〈아멘〉은 푸가 형식을 따르고 있습니다. 푸가는 숭
고한 음악이기 때문에 종교적인 표현을 할 때 푸가가 빠지지 않았죠.
그러다 보니 이후 음악이 종교에서 분리되자 푸가가 점차 쇠퇴하기
시작했고, 모차르트나 베토벤 같은 작곡가들도 푸가를 바로크 시대
만큼 작곡하지 못했습니다.

그만큼 푸가의 정수는 바로크 시대에 있었습니다. 그래서 우리는
바로크 시대의 음악을 숭고하고 고풍스러운 음악의 대명사로 삼고
있는 게 아닐까요?

🎼 균형과 조화로 형식미를 갖춘 고전주의

바로크 시대는 바흐가 사망했을 때 끝을 맺었습니다. 바로크 다음 시대는 바로 '고전주의 시대'라고 부릅니다.

고전주의 음악은 어떤 음악일까요? 바로크 시대 음악은 숭고하고 장엄했지만, 멜로디가 매우 복잡했습니다. 그래서 사람들이 따라 부르기 어려워했죠. 음악이 점차 사람들이 연주하기 쉽고 임팩트를 주는 방식으로 발전하면서 '간단한 멜로디에 확실한 반주'라는 개념이 확고해지기 시작했습니다. 반주가 발전하면서 멜로디가 뚜렷해질 수 있었죠. 이것이 바로 고전주의의 가장 큰 특징입니다.

또 고전주의에는 '악장'의 개념이 완성되고, '소나타'라는 형식이 완벽해졌습니다. 음악이 1악장, 2악장, 3악장, 4악장으로 나뉘는 것을 본 적 있으시죠? 이렇게 악장이 나뉜 음악이 바로 소나타*sonata*입니다. 악장은 음악가들이 만든 기승전결이라고 보면 됩니다.

예를 들어, 여러분이 강연을 들으러 왔다고 생각해 봅시다. 강연자가 강의실에 들어오자마자 하는 말이 뭘까요? "안녕하세요, 조윤범입니다. 오늘은 날씨가 참 선선하네요. 오늘은 음악의 시대 구분에 대해 이야기를 해볼까 합니다"라고 말하겠죠. 이렇게 소개하는 악장이 바로 소나타의 1악장인 겁니다.

강연을 듣던 관객들이 지루해하자, 강연자는 재미있는 농담을 던지기 시작합니다. 재미있고 통통 튀는 2악장이 시작된 거죠. 그러다가 중요한 부분을 설명할 때 농담을 그만두고 진지하고 느리게 이야기하기도 합니다. 이것이 3악장입니다. 그리고 강연의 마지막에는

루이지 보케리니

웅변조로 강렬하게 끝을 맺습니다. 피날레인 4악장이죠.

이렇게 고전주의 시대에 소나타가 유행하면서 교향곡, 현악 4중주, 피아노 트리오 등 실내악 장르가 구성될 수 있었습니다. 여러분이 한 번쯤 들어봤을 법한 고전주의 실내악 음악들을 들어볼까요?

▶ **현악 5중주 미뉴에트-보케리니**

바이올린, 비올라, 첼로로 연주하는 곡이다. 곡 초반 제1 바이올린은 우아한 멜로디를 연주하지만, 비올라와 첼로는 피치카토로 경쾌한 리듬을 연주한다.

루이지 보케리니*Luigi Boccherini*의 〈현악 5중주 미뉴에트*String Quintet in E major Op. 11, No. 5-Minuet*〉입니다. 현악 5중주, 즉 현악기 5대가 연

주하는 음악이죠. 바로크 시대 음악과 달리 반주와 멜로디가 구분되어 들리죠? 특히 미뉴에트는 통화 연결음이나 광고, 국가시험 듣기 평가 등에서 활용되어 익숙한 분들이 많을 겁니다.

보케리니와 같은 시대를 살았던 작곡가 요제프 하이든*Joseph Haydn*도 '교향곡의 아버지'라는 호칭으로 불릴 정도로 교향곡 수십 개를 작곡했죠.

또 하이든이 24세 때 태어난 작곡가 볼프강 아마데우스 모차르트 *Wolfgang Amadeus Mozart*도 있습니다. 모차르트는 35세에 요절했는데, 그가 죽기 전에 쓴 곡이 하필 장송곡 〈레퀴엠*Requiem*〉인 것이 유명하죠. 〈레퀴엠〉은 성당의 장례 미사에서 사용되는 곡들을 작곡한 것으로, 그중 가장 유명한 곡이 〈라크리모사*Lacrimosa*〉입니다. '라크리모사'는 '오늘은 눈물을 흘리는 날입니다'라는 뜻으로, 들어보면 슬픈 분위기가 가슴에 와닿습니다.

▶ **라크리모사-모차르트**

모차르트의 유작으로, 미완성으로 남았다. 모차르트가 작곡하던 곡의 분위기와 다른 탓에 정체불명의 인물로부터 의뢰받았다는 주장, 스스로의 장례식을 위한 곡을 썼다는 주장 등 소문이 잇따랐다.

작곡 천재 모차르트가 14세 때, 독일에서 루트비히 판 베토벤*Ludwig van Beethoven*이 태어났습니다. 모차르트가 사망한 바로 다음 해, 베토벤은 본격적으로 음악을 하기 위해 독일에서 빈으로 왔습니다. 모차르트는 말년에 질병으로 고통받다가 사망했는데, 이를 지켜본 귀족

루트비히 판 베토벤

들은 '우리가 천재를 못 알아봐서 어렵게 살다가 가버렸네. 앞으로 빈에 예술가가 나타나면 제대로 후원을 해줘야겠다'라고 결심했죠. 그래서 베토벤은 당시 빈에서 제대로 된 후원을 받을 수 있었습니다.

어느 날 베토벤은 피아노 협주곡을 작곡한 뒤 악보를 가지고 출판사에 찾아갔는데요. 어떤 음악을 작곡했을까요?

 ▶ **피아노 협주곡 5번 2악장-베토벤**
빈에서 작곡한 뒤 후원자이자 친구인 루돌프 대공에게 헌정한 곡이다. 이후 프란츠 리스트가 가장 좋아하는 곡으로 손꼽히기도 했다.

〈피아노 협주곡 5번 2악장 *Piano Concerto No. 5 II. Adagio un poco mosso*〉입니다. 아주 아름다운 피아노 멜로디가 펼쳐지죠. 잘 들어보면, 오케스트라가 반주를 넣으며 선율의 분위기를 북돋우고 있습니다. 베토벤은 괴팍한 성격과 무겁고 강렬한 음악의 대명사로 알려져 있는데, 느린 악장에서는 어떻게 이렇게 아름다운 선율을 만들어낼 수 있었을까요?

〈피아노 협주곡 5번〉의 부제는 '황제'인데요. 베토벤이 출판사에 악보를 가져가자 관계자는 마지막 악장이 화려하게 끝난다는 점에서 제목을 '황제'로 하자고 설득했다고 합니다.

이렇게 베토벤을 마지막으로 고전주의 시대는 끝이 납니다. 사실 베토벤은 고전주의 시대의 문을 닫은 동시에 낭만주의 시대의 문을 연 작곡가입니다. 베토벤은 삶 전반에 걸쳐 스스로의 곡을 혁신하곤 했기 때문에 나중에는 음악이 자율성을 띄게 됐습니다. 그래서 형식을 중시하던 고전주의에 비해 더 자유롭고 감정을 극대화한 음악이 떠오르기 시작했습니다.

🎼 개인적 감정으로 충만한 낭만주의

우리가 흔히 알고 있는 단어인 '로맨스'에 대해 생각해 볼까요? '로맨스'는 '로마누스*romanus*', 즉 '로마의'라는 뜻에서 유래했습니다. 중세 시대에 유행한 감정과 사랑에 대한 전설적인 이야기들에서 비롯됐죠.

누군가 "낭만주의 음악의 특징이 뭐야?"라고 물었을 때 "낭만적이야"라고 대답해도 틀린 말이 아닙니다. 다만 '낭만적'이라는 말이 긍정적인 감정을 표현할 때만 쓰이지는 않습니다. 사람이 느낄 수 있는 모든 감정을 표현하기 때문에 무서운 감정, 슬픈 감정도 포함하죠.

낭만주의의 전성기를 이끈 작곡가는 로베르트 슈만*Robert Schumann*입니다. 슈만은 베토벤을 존경한 독일 작곡가죠. 그의 음악을 한번 들어보겠습니다.

▶ **피아노 4중주 3악장-슈만**

아내 클라라를 떠올리며 작곡한 4중주다. 낭만주의 시대 가장 아름다운 첼로 음악으로 손꼽힌다. 3악장은 브람스의 피아노 사중주에 영향을 미쳤다.

〈피아노 4중주 3악장*Piano Quartet III. Andante cantabile*〉입니다. 피아노, 바이올린, 비올라, 첼로로 연주하는 곡이죠. 피아노와 다른 악기들이 반주를 할 때 첼로가 아름다운 멜로디를 연주합니다.

로베르트 슈만

또 대표적인 낭만주의 작곡가로는 프레데리크 쇼팽*Frédéric Chopin*이
있습니다. 쇼팽이 젊을 때 짝사랑한 여인을 생각하면서 만든 곡이 있
는데요. 우리는 짝사랑을 이루어지지 않은 사랑이라는 점에서 슬픔
의 상징이라고 생각하곤 하지만, 쇼팽은 달랐습니다. 짝사랑을 소재
로 정말 아름다운 곡인 〈피아노 협주곡 2번 2악장*Piano Concerto No. 2
II. Larghetto*〉을 썼습니다. 여러분, 만약 이 음악을 우연히 마주치게 된
다면 하던 일을 멈추고 눈을 감아 보세요. 이 음악을 듣고 눈물을 흘
릴 수 있나요?

음악을 들으면서 눈물을 흘린다는 건 쉬운 일이 아닙니다. 우리는
어릴 때부터 감정적인 것에 연연하지 않고 눈물을 참는 방법을 배워
왔죠. 그 덕분에 삶을 더 용기 있게 살아갈 수는 있지만, 슬픈 일에
무감각해지면서 감동을 잘 느끼지 못하게 됐습니다. 음악을 통해서
감동을 되찾아 보세요. 음악을 들으면서 음 하나하나가 만들어 내는
감정에 표정을 변화시켜 보는 건 어떨까요? 그러면 어느 순간 음악

표트르 차이콥스키

을 듣고 눈물을 흘릴 수 있는 자신을 발견하게 될 겁니다.

낭만주의를 대표하는 또 다른 작곡가를 살펴볼까요? 〈백조의 호수〉 〈잠자는 숲속의 미녀〉 〈호두까기 인형〉 등 발레 음악으로 유명한 작곡가, 차이콥스키입니다. 그의 곡 중 크리스마스에 잘 어울리는 춤곡, 〈사탕 요정의 춤 *Dance of the Sugar Plum Fairy*〉을 들어봅시다.

▶ **사탕 요정의 춤-차이콥스키**

발레 〈호두까기 인형〉을 위해 작곡한 곡으로, 차이콥스키는 새로 발명된 악기인 첼레스타를 이 곡을 활용해 소개했다. 발레 초연을 하기 전, 이 곡을 포함한 모음곡을 먼저 발표했고 큰 호응을 얻었다.

피아노를 닮은 악기인 첼레스타

종소리 같은 독특한 소리가 나죠? 멜로디를 연주하는 악기는 놀랍게도 건반 악기입니다. 작은 피아노처럼 생긴 '첼레스타'라는 악기인데, 실로폰 같은 소리가 납니다. 이렇게 낭만주의 시대에는 다양한 악기들이 도입되기 시작했죠. 그러다 보니 후기 낭만주의 시대에는 음악의 규모가 매우 커지게 됐습니다. 오케스트라의 규모도 많아야 50명 남짓이었던 고전주의 시대와 달리 150명에 이르기도 했죠.

음악이 발전하는 국가도 이탈리아, 독일, 오스트리아를 넘어 점점 전 세계로 퍼지기 시작했습니다. 이때 러시아와 같은 제3세계가 등장한 겁니다. '우리 음악도 보여줄 때가 됐는데?'라며 '국민 음악'을 주창했죠. 체코에서는 스메타나와 드보르자크가 등장하고, 노르웨이에서는 그리그, 핀란드에서는 시벨리우스가 활동하기 시작했습니다. 국민 음악은 자국의 민요, 즉 서민이 흥얼거리던 노래를 주로 활용했기 때문에 다른 나라 사람이 들어도 통하는 구석이 있었습니다.

국민 음악을 한번 들어볼까요? 안토닌 드보르자크*Antonin Dvořák*의 〈교향곡 7번 3악장*Symphony No. 7 III. Scherzo*〉입니다.

▶ 교향곡 7번 3악장-드보르자크

브람스의 교향곡에서 영감을 받아 작곡한 교향곡 중 7번이다. 9번이 가장 대중적이고 잘 알려졌지만, 7번도 드보르자크의 가장 위대한 교향곡이라고 평가받는다.

국민 음악이 끝날 때쯤 후기 낭만주의 음악이 시작됐습니다. 이때 '인상주의 음악'이 잠깐 등장하죠. 인상주의 미술에 대해서는 들어보셨죠? 클로드 모네*Claude Monet*의 〈인상, 해돋이〉라는 유명한 작품이 바로 인상주의 미술입니다. 그런데 '인상주의'라는 말은 미술사에서 긍정적인 단어로 쓰이지 않았습니다. '모호하다' '잠깐의 인상을 준다'라는 의미였죠. 이처럼 음악에서도 이전에 사용하지 않은 모호한 화음과 음계를 쓰기 시작하면서 인상주의 음악이 등장했습니다.

인상주의 음악을 대표하는 작곡가 클로드 드뷔시*Claude Debussy*의 음악을 들어보겠습니다.

▶ 눈은 춤춘다-드뷔시

드뷔시가 딸인 클로드-엠마에게 헌정한 곡이다. 6개의 악장 중 4번째 곡인 〈눈은 춤춘다〉는 오스티나토 기법과 스타카토로 눈송이를 바라보는 아이의 마음을 표현했다.

클로드 모네의 〈인상, 해돋이〉

〈어린이의 세계*Children's Corner*〉 중 〈눈은 춤춘다*The Snow is Dancing*〉라는 곡입니다. 음악을 들으면 눈송이가 흩날리는 장면이 상상되지 않나요? 이 음악이 명확하게 기쁘거나 슬프다기보다, 묘한 감정이 올라옵니다. 음악의 복잡한 요소를 전부 지워버리고 단순한 멜로디로 감정을 전달하는 것. 이것이 인상주의 음악의 매력입니다.

또 에릭 사티*Eric Satie*의 〈짐노페디*Gymnopédies*〉도 들어볼까요?

▶ **짐노페디 1번-사티**

'짐노페디'는 고대 그리스에서 벌거벗은 청년들이 춤추던 의식에서 유래한 단어다. 가장 대중적인 1번은 느리고 비통하면서도 잔잔한 감정이 느껴진다.

클로드 드뷔시

　어디선가 들어본 음악이라는 생각이 들 겁니다. 멜로디가 간단하죠? 피아노를 배워보지 않은 분들도 100시간 정도만 연습하면 충분히 연주할 수 있는 곡입니다. 연습하면서 '이런 곡이 인상주의 시대에 나온 음악이구나. 다른 인상주의 음악도 들어볼까?'라고 생각해보세요.

🎼 전통을 해체하는 현대음악

자, 이제 마지막으로 현대음악입니다. 현대음악은 20세기, 즉 1900년대 초반에서 출발합니다. 이전까지 세상에 존재하는 온갖 화음을 다 써서, 이제 그 화음을 피하려고 하죠. 독특하기도 하고, 기괴한 느낌도 듭니다. 당시 작곡가였던 아르놀트 쇤베르크*Arnold Schönberg*의 음악을 들어볼까요?

▶ **달에 홀린 피에로-쇤베르크**

시인 알베르 지로의 시 〈달에 홀린 피에로〉를 원작으로 한 음악이다. 가사를 자유롭게 낭독하듯이 구성한 형식은 이후 12음 기법으로 발전했다.

〈달에 홀린 피에로*Pierot Lunaire*〉라는 곡입니다. 광대가 달을 바라보며 노래하는 장면을 묘사했죠. 이 성악가가 어떤 음을 노래하는 것 같나요? 악보를 살펴보면, 음표에 전부 X가 표시된 것을 확인할 수 있습니다. 음표의 높낮이는 지정했지만 정확한 음으로 부르지 말라는 뜻으로, 말하듯이 노래하라는 겁니다. 요즘으로 치면 랩을 하라는 건데요.

이런 음악을 처음 듣는 사람들은 괴로워하기도 했습니다. "아니, 저게 음악이야?"라는 반응이었죠. 물론 현대음악에 열광하는 사람도 있었지만요.

하지만 현대음악을 기점으로 음악이 정형성에서 벗어나기만 한 건

〈달에 홀린 피에로〉의 음표에는 X가 표시돼 있다.

아니었습니다. 동시대를 살았던 이고르 스트라빈스키*Igor Stravinsky*
는 옛날 고전 음악으로 돌아가고자 했죠. 그는 그런 음악을 재해석
하면서도 미래를 이끌어나갈 수 있다고 주장하며, 〈풀치넬라 모음
곡*Pulcinella*〉을 작곡했습니다.

▶ **풀치넬라 모음곡-스트라빈스키**

풀치넬라는 21파트로 구성된 발레로, 신고전주의의 문을 열었다고
평가받는다. 1700년대 원고를 바탕으로 한 발레는 당시 전통적인
희극을 담고 있다.

어떠신가요? 현대음악이 아니라 고전주의나 바로크 시대 음악 같
지 않나요? 스트라빈스키는 조반니 페르골레시*Giovanni Pergolesi*라는
고전주의 전환기 작곡가의 음악을 차용해 전에 없던 음악을 만들어
냈습니다. 현대성이 어느 한 방향으로만 가는 것을 의미하지 않는다

이고르 스트라빈스키

는 걸 보여준 것이죠.

현대음악이 어렵고 괴상하다고 느낄 수도 있습니다. 하지만 1강에서 말씀드렸듯, 어려운 음악은 어렵다고 느끼면 됩니다. 어떤 음악이 듣기 어렵다면, 작곡가는 감상하기 어려우라고 의도한 겁니다. 그렇다면 작곡가는 왜 그렇게 의도했을까요? 그 이유를 고민해 보는 건 감상자의 몫입니다.

바로크 시대 음악부터 현대음악까지 쭉 달려왔는데요. 앞으로 음악은 계속 괴상해지기만 할까요? 그건 아닙니다. 음악이라는 거대한 테이블에서 식사를 한다고 생각해 봅시다. 음악이 발전할수록 요리사들이 '이 요리도 반찬으로 드세요'라며 음악을 하나둘씩 가져다주기 시작하는 것이죠. 즉 음악은 이상해지는 게 아니라 다채로워지고, 우리는 다양한 음악을 즐기면 됩니다. 그중 어떤 반찬은 사람들의 인정을 받지 못해 없어지기도 합니다. 그렇게 '클래식'으로 인정받는 음식만이 식탁에 올라오죠.

여러분, 클래식 음악은 '아무거나' 들어봐도 괜찮습니다. 중요한 건 어떤 반찬을 먹느냐가 아니라 어떤 경로로 모든 반찬을 다 먹어보느냐입니다. 시대를 아우르는 클래식 음악을 듣는 것이야말로 엄청나게 화려하고 다양한 세상을 즐기는 방법이 아닐까요?

3강

오케스트라
-하나의 음악을 위한
악기들의 하모니

클래식 음악을 연주하는 장면을 떠올려 보세요. 지휘자가 이끄는 오케스트라가 웅장한 음악을 연주하는 모습이 생각날 겁니다. TV에서 교향악단이 연주하는 프로그램을 본 기억도 있고, 어쩌면 직접 공연장에 찾아가 감상한 기억이 있을 수도 있겠죠.

사실 오케스트라 음악은 쉽지 않습니다. 여러 악기 소리가 어려운 구조로 뒤섞여 음을 내고 있으니까요. 하지만 오케스트라가 어떤 악기로 이루어져 있고, 음이 어떻게 구성돼 있는지를 알면 여러분이 마주치게 될 음악들이 한층 더 아름답게 느껴질 겁니다.

3강의 PLAYLIST

✦

고별 교향곡 4악장 - 하이든

교향곡 9번 '합창' 4악장 - 베토벤

교향곡 2번 3악장 - 라흐마니노프

교향곡 5번 4악장 - 말러

교향곡 4번 2악장 - 차이콥스키

신세계 교향곡 4악장 - 드보르자크

나의 시대는 올 것이다.

- 구스타프 말러

♩ 오케스트라는 무엇일까?

'오케스트라'라는 말은 어디에서 왔을까요? 이 단어의 어원은 고대 그리스로 거슬러 올라갑니다.

원형극장에서 코러스가 나와 춤을 추는 공간이 바로 '오케스트라'였습니다. 즉 오케스트라는 연주 단체가 아니라 공연자의 자리 이름이었던 거죠. 지금은 공연장 무대를 메우는 연주자들을 오케스트라라고 부릅니다. 우리말로는 관악기와 현악기가 함께 연주한다고 해서 '관현악단'이라고 하죠.

그런데 오케스트라 중에서도 '심포니 오케스트라'가 있는가 하면, '필하모닉 오케스트라'도 있습니다. 오케스트라의 종류를 구분하는 기준이 뭘까요? 사실 심포니 오케스트라와 필하모닉 오케스트라는 큰 차이가 없습니다. '심포니'는 '연주자들이 모여서 조화로운 음악을 연주한다'는 의미를 담았고, '필하모닉'은 '음악을 사랑하는 사람들의 모임'이라는 의미를 담았을 뿐이죠.

하지만 이 오케스트라와 명백하게 구분되는 게 있습니다. 바로 '챔버 오케스트라'인데요. 심포니와 필하모닉 오케스트라는 모든 악기가 포함된 대규모 오케스트라인 반면, 챔버 오케스트라는 규모가 작습니다. 연주자가 10명부터 40명 정도로 이루어져 있죠.

그러면 오케스트라는 어떤 음악을 연주할까요? 대표적인 음악으로는 '교향곡'이 있습니다. 교향곡은 악장을 나누어 정통적인 구성을 갖춘 오케스트라 음악입니다. 2강에서 악장을 나눠 기승전결을 노래하

요제프 하이든

는 '소나타'에 대해 말씀드렸는데, 이를 오케스트라가 연주하면 교향곡이 되는 거죠. 오케스트라 공연 프로그램에 빠지지 않고 등장하는 곡이기도 합니다.

교향곡이 본격적으로 발달한 시기는 고전주의 시대였습니다. 대표적인 작곡가로는 하이든, 모차르트, 베토벤이 있었죠. 그중 요제프 하이든*Joseph Haydn*은 어찌나 교향곡을 많이 작곡했는지, '교향곡의 아버지'라는 별명이 붙었습니다. 오죽하면 유럽에서는 'papa'라는 별명으로 불리기도 했죠.

하이든은 독특하고 재미있는 교향곡을 많이 작곡했습니다. 그중 〈고별 교향곡 4악장*Symphony No. 45 IV. Finale*〉을 들어볼까요?

▶ **고별 교향곡 4악장-하이든**

오케스트라 단원들이 연주하던 중 짐을 챙겨 무대를 나가는 연출로 유명하다. 초연에는 한 명씩 보면대의 촛불을 끄고 악기를 가지고 퇴장하는 연출을 보였다.

소나타나 교향곡의 마지막 악장은 대개 아주 빠릅니다. 악기 여러 대의 소리가 들리죠? 그런데 이 곡의 후반부로 갈수록 악기의 개수가 점점 줄어듭니다. 결국 마지막에는 바이올린 2대만이 남아 연주하죠. 다른 악기들은 그동안 무엇을 하고 있냐고요? 놀랍게도 연주를 하다가 곡이 채 끝나기 전에 공연장을 나가버립니다. 이 곡의 이름이 '고별 교향곡'인 이유죠.

하이든은 어쩌다가 이런 독특한 곡을 만들었을까요? 당시 하이든은 매우 먼 지방에서 오케스트라를 이끌며 연주하고 있었습니다. 그런데 연주회를 주최하는 왕족들이 하이든의 연주회를 매우 좋아했죠. 그들은 오케스트라 단원들을 붙잡고 이렇게 사정했습니다.

"며칠 뒤에 연주회를 한 번 더 해주세요. 우리도 좀 즐겨야죠."

하지만 단원들은 정해진 날짜에 집으로 돌아가고 싶었습니다. 이들은 하이든에게 이렇게 말했습니다.

"귀족들이 돈을 많이 주는 건 좋은데, 우리도 집에 식구가 있어요. 돌아가야 하지 않겠습니까?"

곰곰이 생각하던 하이든은 아이디어를 냈습니다.

"높으신 분들이 연주를 계속해 달라고 하는데 어떡합니까? 그러면 제가 연주로 여러분의 의사를 표현해 보겠습니다."

연주회 날, 하이든은 오케스트라 맨 앞자리에 있는 악장 옆에 앉아 바이올린을 연주했습니다. 교향곡을 연주하던 단원들은 한 명씩 자리에서 일어나 공연장을 나갔죠. 이를 본 귀족들은 그제야 단원들의 의도를 알고 다음 날 집으로 보내줬다고 합니다. 정말 재미있는 일화죠?

교향곡이 최정점을 찍은 시기는 고전주의의 끝자락, 베토벤이 활동하던 때였습니다. 하이든이 교향곡의 아버지라면 베토벤은 교향곡의 왕이라고 해도 될 정도로 베토벤만큼 교향곡을 완벽하게 쓴 사람이 없을 정도죠. 베토벤은 9개의 교향곡을 작곡했고, 10번째 교향곡은 스케치만 남긴 채 세상을 떠났습니다.

그런데 베토벤은 9번 교향곡을 쓸 때 굉장히 독특한 시도를 했습니다. 원래 교향곡은 솔리스트 없이 오케스트라만이 연주하는 곡을 뜻합니다. 그런데 베토벤은 교향곡 9번 4악장에 가사를 붙였습니다. 특이하게도 교향곡을 연주할 때 합창단이 노래하는 장면이 펼쳐지는 건데요. 우리에게 매우 익숙한 곡, 〈환희의 송가 *Ode to Joy*〉입니다.

▶ **교향곡 9번 '합창' 4악장-베토벤**

교향곡 9번은 베토벤이 청력을 잃은 상태에서 쓴 마지막 작품이다. 베토벤은 독일의 시인 프리드리히 실러의 시 〈환희의 송가〉에서 영감을 받아 일부 인용 및 편집해 4악장의 가사로 활용했다.

'세상이 우리를 아무리 갈라놓아도 우리는 다시 하나가 된다'라는 철학이 담긴 아름다운 곡입니다. 이 멜로디는 유럽 연합의 국가로 사용되고 있죠. 다만 유럽 연합에서는 가사가 없는 음악만을 씁니다. 전 세계가 화합을 이루어야 하기 때문에 언어를 특정하지 않은 거죠. 오늘날 한 국가 연합의 국가로도 쓰일 만큼 대단한 작품입니다.

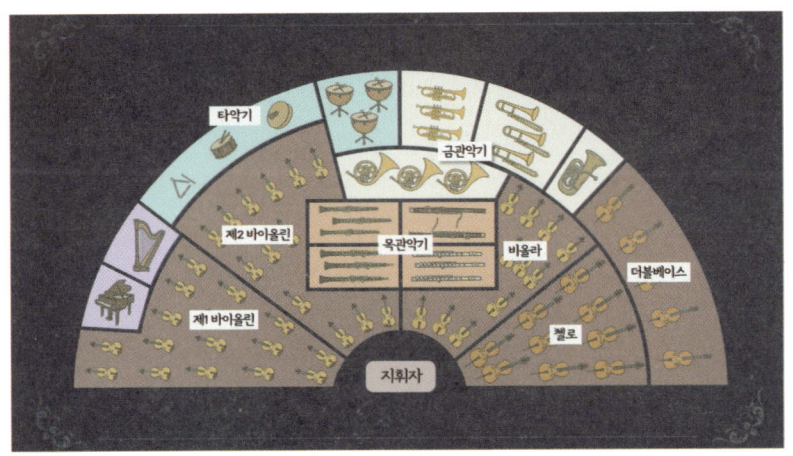

타악기

금관악기

제2 바이올린

목관악기

바올라

더블베이스

제1 바이올린

첼로

지휘자

오케스트라의 구성

🎼 오케스트라를 이루는 악기

여러분이 교향곡을 제대로 감상하려면 오케스트라의 구성을 어느
정도 파악해야 합니다. 여기서는 현악기 소리가 들리고, 그 뒤에서
목관악기 소리가 들린다는 것을 알면 음악이 좀 더 의미 있게 다가올
겁니다.

지금부터 오케스트라의 구성을 구체적으로 알아보겠습니다.

여러분이 공연장 객석에 앉아 있는 방향에서, 왼쪽 앞쪽에는 바이
올린이 있습니다. 오케스트라를 구성하는 악기 중 보통 바이올린 연
주자가 약 20명 이상으로 가장 많습니다. 이들 중 주된 선율을 이끄
는 '제1 바이올린'이 앞에, '제2 바이올린'은 안쪽에 있습니다.

그리고 지휘자를 중심으로 안쪽에 비올라 연주자들이 있습니다.

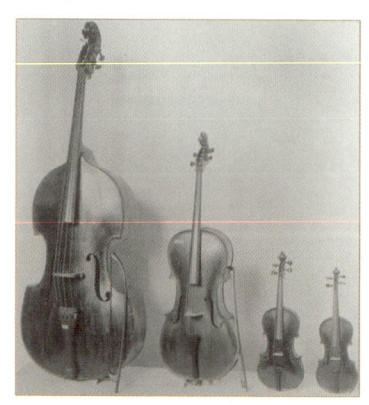

오른쪽부터 바이올린, 비올라, 첼로, 더블베이스

비올라는 바이올린보다 조금 더 큰 악기로, 약간 낮은 음역의 음을 냅니다. 그리고 비올라보다 한 옥타브 낮은 음을 내는 첼로가 맨 오른쪽에 자리하고 있습니다. 첼로의 뒤에는 아주 낮은 음을 내는 더블베이스가 있죠.

이렇게 현악기 군단이 오케스트라의 앞쪽에 위치하고 있는데요. 오케스트라 연주자 중 최고 직책인 '악장'은 제1 바이올린의 맨 앞에 앉아 있습니다. 악장은 바이올린의 수석으로, 지휘자와 일대일 소통을 하기도 하고, 협연자와 대화하는 역할을 맡기도 합니다. 물론 각 악기별로도 수석이 있습니다. 수석들은 모여서 "이 부분에서는 비올라 음이 좀 더 크게 나야 할 것 같지 않아?"라며 회의를 하고, 수석을 중심으로 단원들은 최고의 음악을 연주하기 위해 연습을 하죠.

현악기 뒤에는 관악기가 있습니다. 관악기는 목관악기와 금관악기로 나뉘는데, 소리가 큰 금관악기가 목관악기보다 뒤에 위치하고 있습니다. 트럼펫, 호른 같은 금관악기는 뒤에 있어도 소리가 쩌렁쩌렁 울리죠.

목관악기는 대체로 플루트, 오보에, 클라리넷, 바순 4가지로 이루어져 있습니다. 플루트와 오보에가 앞에, 클라리넷과 바순이 뒤에 위치하죠. 오케스트라 연주회에 가면 연주를 시작하기 전에 튜닝, 즉 조율을 하는 모습을 볼 수 있습니다. 악장이 나와 오보에 연주자에게 신호를 주면 오보에 연주자가 '라' 음을 길게 냅니다. 그러면 다른 악기들이 오보에의 음에 맞춰 조율을 하죠. 왜 오보에가 조율의 기준점이 될까요? 오보에의 '라' 음이 다른 악기에 비해 가장 흔들림이 적기 때문입니다.

클라리넷은 클래식 음악에서보다 재즈 음악에서 주로 들어보셨을 겁니다. 재즈를 연주할 때는 비브라토를 활용하지만, 클래식 음악을 연주할 때는 비브라토를 거의 쓰지 않는다는 특징이 있죠. 또 바순은 목관악기 중 가장 낮은 음을 내는 악기입니다.

이제 금관악기를 살펴볼까요? 금관악기들은 말 그대로 금처럼 번쩍번쩍거려서 참 멋있습니다. 먼저 호른은 뿔처럼 생긴 악기로, 소리 내기 굉장히 힘든 악기라고 합니다. 또 길이가 짧은 트럼펫, 길쭉한 트롬본, 거대한 튜바도 있습니다.

금관악기 뒤에는 타악기들이 자리 잡고 있습니다. 대표적인 타악기로는 팀파니, 트라이앵글, 심벌즈가 있습니다. 팀파니는 북의 일종

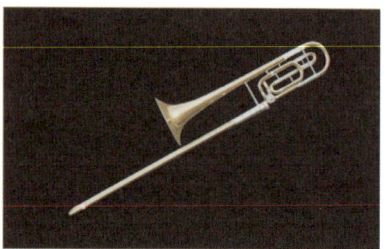

트럼펫과 트롬본

인데, 신기하게도 음정이 있는 북입니다. 다만 타악기는 곡에 따라서 등장하지 않는 경우도 있기 때문에 그때그때 필요한 악기만 무대에 들이곤 합니다. 특이한 건 타악기 연주자는 타악기 대부분을 다 연주할 수 있다는 겁니다. 한 사람이 팀파니, 트라이앵글, 심벌즈, 마림바 등을 전부 연주하는 경우가 많죠.

그리고 아주 가끔 무대에 들어오는 악기도 있습니다. 바로 피아노와 하프입니다. 원래 정석 오케스트라에는 피아노가 없습니다. 만약 오케스트라에 피아노가 있는 곡이라면 정말 거대한 음악일 확률이 큽니다. 현을 뜯는 발현악기인 하프도 곡의 분위기를 살리기 위해 들어오기도 합니다.

마지막으로 오케스트라에서 가장 중요하다고 할 수 있는 인물이 있습니다. 바로 지휘자입니다. 무대 맨 앞에서 음악의 박자, 성격, 분위기를 살리기 위해 연주자들에게 신호를 주는 역할을 하죠. 즉 오케스트라의 모든 악기를 제대로 알고 있는 사람만이 지휘자가 되어 오케스트라를 이끌 수 있는 겁니다. 똑같은 단원으로 이루어진 오케

팀파니

스트라더라도 지휘자가 달라지면 음악의 분위기와 수준이 완전히 달라지니까요.

　이렇게 오케스트라의 배치에 대해 간략하게 설명했는데요. 이제 이 배치를 머릿속에 담아둔 채 연주회에 가면 '아, 지금은 현악기들만 연주하는 타이밍이구나.' '이 타이밍에 플루트 솔로가 들어오네!'라는 식으로 음악이 들릴 겁니다.

🎼 오케스트라 구성으로 듣는 교향곡

이제 본격적으로 교향곡을 들어볼까요? 먼저 현악기가 강조되는 음악인 세르게이 라흐마니노프*Sergei Rachmaninoff*의 〈교향곡 2번 3악장*Symphony No. 2 III. Adagio*〉을 들어봅시다. 지금까지 말씀드린 오케스트라의 구성을 떠올리면서 유심히 들어보세요.

▶ **교향곡 2번 3악장-라흐마니노프**

라흐마니노프가 지휘자로서 성공을 거둘 당시, 교향곡 1번 작곡의 실패를 만회하기 위해 작곡한 곡이다. 교향곡 2번은 호평을 받으며 성공으로 이어졌다.

정말 아름다운 음악입니다. 러시아의 작곡가이자 피아니스트였던 라흐마니노프가 첫 번째 교향곡 작곡에 처참하게 실패한 뒤 이를 만회하기 위해 작곡한 교향곡입니다.

현악기가 함께 멜로디를 연주하고, 뒤에서 목관악기가 길게 음을 뽑고 있죠. 그러다가 현악기가 반주를 연주하고 클라리넷이 솔로를 연주하는 부분이 나옵니다. 그리고 후반부에서는 현악기들이 윗선율을 연주하죠. 이렇게 오케스트라의 악기들이 잘 어우러진 음악을 들으면 '정말 영화 음악 같다'는 생각이 들기도 합니다.

작곡가들은 곡의 어느 부분에서 어떤 악기를 사용하면 어떤 음색을 낼 수 있는지 정확하게 알고 있습니다. 예를 들어 특정 멜로디를 첼로 한 대로 연주하는 것과 목관악기 두 대로 연주하는 것 중 어떤

구스타프 말러와 알마 쉰들러

것이 곡에 잘 어울리는지 파악할 수 있는 것이죠.

　방금 들은 음악과 비슷한 분위기를 자아내는 곡이 하나 더 있습니다. 구스타프 말러 *Gustav Mahler* 라는 작곡가 겸 지휘자는 앞선 교향곡 작곡가들의 영향을 많이 받았고, 교향곡의 규모를 확대했습니다. 말러가 작곡한 〈교향곡 5번 4악장 *Symphony No. 5 IV. Adagietto*〉입니다.

▶ **교향곡 5번 4악장-말러**
말러가 바흐의 영향을 받아 대위법을 활용해 작곡한 곡이다. 특히 4악장은 말러의 가장 유명한 작품으로 손꼽힌다.

　음악이 매우 느리죠? 이런 음악을 듣고 있으면 '느린 음악의 미학은 따로 있구나'라는 생각이 들 정도입니다. 특히 이 교향곡의 4악장은 관악기 없이 현악기와 하프로만 구성돼 있습니다.

말러는 알마 쉰들러*Alma Schindler*라는 여성을 만나 사랑을 나누었는데, 이때 작곡한 곡이기 때문에 사랑을 표현한 곡이라는 이야기도 있죠. 중요한 건 이 곡을 제대로 감상하기 위해 감상자가 상당히 여유가 있어야 한다는 겁니다. 아름답고 사랑스러운 멜로디지만 깊이가 있고, 철학이 느껴지기 때문에 많은 예술가들에게 사랑받은 곡이죠. 특히 영화감독들이 이 음악을 좋아해서 영화 〈헤어질 결심〉에서 활용되기도 했습니다.

이제 목관악기 소리가 강조되는 곡을 들어볼까요?

▶ **교향곡 4번 2악장-차이콥스키**
후원자인 나데츠자 폰 메크에게 헌정한 곡이다. 차이콥스키가 원치 않은 결혼과 별거로 신경쇠약과 절망감에 빠져 있을 때 작곡한 것으로 알려져 있다.

러시아의 작곡가 차이콥스키의 〈교향곡 4번 2악장*Symphony No. 4 II. Andantino in modo di canzona*〉입니다. 차이콥스키는 교향곡을 총 6개 썼는데, 그중 4, 5, 6번이 가장 유명합니다. 특히 6번은 〈비창 교향곡〉으로도 알려졌죠.

처음 등장하는 악기는 오보에입니다. 오보에의 멜로디를 비올라와 첼로가 받죠. 중반부에서는 아까 오보에가 연주한 멜로디를 현악기가 이어받고, 목관악기가 위에서 밑으로 떨어지는 듯한 선율을 연주합니다. 마치 밤하늘을 바라보고 있는데 별똥별이 하늘을 그으며 떨어지는 듯한 것 같죠. 차이콥스키의 음악은 이렇게 감상자들의 심금을 울립니다.

이번에는 금관악기의 멋진 소리를 들어볼까요?

▶ **신세계 교향곡 4악장-드보르자크**

아메리카 대륙을 주제로 한 교향곡으로, 체코, 인디언, 흑인 음악의 요소를 가미했다. 장엄한 도입부가 오늘날에도 다양한 매체에서 활용될 정도로 유명하다.

드보르자크의 대표작인 〈신세계 교향곡 4악장*New World Symphony IV. Allegro con fuoco*〉은 금관악기의 멋진 소리가 도드라지는 곡입니다. 소리가 어찌나 강렬한지 앞쪽 객석에 앉은 관객들이 힘들어할 정도죠. 트롬본과 트럼펫이 강렬한 리듬과 멜로디를 이끌며 역동적인 에너지를 보여줍니다.

독일의 작곡가 겸 지휘자인 리하르트 슈트라우스*Richard Strauss*의 〈알프스 교향곡〉도 있습니다. 알프스를 등산하는 장면을 수많은 악기로 웅장하고 생생하게 묘사했죠. 오케스트라 규모가 130명에서 150명에 이를 정도로 엄청난데, 현악기는 60명, 목관악기는 10명에 이릅니다. 게다가 천둥소리, 바람 소리가 나는 특이한 악기까지 동원했습니다. 이렇게 다양한 효과를 전부 느낄 수 있는 웅장한 음악이 바로

안토닌 드보르자크

오케스트라 음악입니다.

　이번 강의에서는 오케스트라의 구성과 악기, 그리고 교향곡에 대해 설명드렸는데요. 몇십 대의 악기가 하나의 선율을 이루기도, 하나의 선율을 받쳐주기도, 아름다운 화음을 이루기도 하는 소리를 들으면 가슴 속 깊이 파묻혀 있던 감정이 온몸을 타고 도는 것 같습니다. 이렇게 아름답고 황홀한 음악이 또 있을까요? 남은 강의에서 오케스트라 곡을 더 많이 듣게 되겠지만, 여러분도 직접 다양한 클래식 음악을 찾아 들으며 어떤 악기 소리가 두드러지는지, 어떤 선율이 마음에 드는지 알아보는 시간을 가지면 좋겠습니다.

조윤범의
다시 만난
음악

4강

실내악

-작은 공간을 채우는
선율의 대화

4강에서는 실내악에 대한 이야기를 해보려고 합니다. 현재 실내악단의 리더로 있는 저에게는 아주 반가운 주제입니다. 저는 '콰르텟 엑스Quartet x'라는 현악 4중주 악단에서 평생 연주해 왔고, 그러다 보니 저는 클래식 음악을 실내악으로 입문했죠. 실내악으로 시작해 다른 장르로도 넓히고, 지금은 오페라에 빠져 있습니다. 실내악의 매력은 정말 무궁무진해서 말로 설명할 길이 없을 정도입니다.

4강의 PLAYLIST

✦

바이올린 소나타 9번 - 베토벤

피아노 3중주 '위대한 예술가의 추억' 1악장 - 차이콥스키

현악 4중주 22번 2악장 - 모차르트

피아노 4중주 3악장 - 슈만

피아노 5중주 4악장 - 쇼스타코비치

현악 6중주 1번 2악장 - 브람스

현악 7중주 메타모르포젠 - 슈트라우스

현악 8중주 4악장 - 멘델스존

사람의 가슴 속 어두운 곳에
빛을 비추는 것,
그것이 예술가의 임무이다.

- 로베르트 슈만

🎼 실내악이란?

실내악*chamber music*은 여러 명이 연주할 수 있는 음악입니다. 옛날에 궁정이나 귀족의 저택에는 음악을 연주할 수 있는 작은 방이 있었는데, 이곳을 '챔버'라고 불렀습니다. 일반적으로 2명에서 8명으로 구성된 사람들이 연주할 때 실내악이라고 부르며, 작은 방에서 악기를 연주하며 음악으로 대화할 수 있기 때문에 진정한 음악의 기쁨을 누릴 수 있다고 볼 수 있죠.

먼저 2대의 악기가 연주를 하면 '듀오'라고 합니다. 바이올린이 혼자 연주하고 피아노가 반주를 하는 경우가 많죠. 특히 이러한 장르에서 여러 악장으로 나누어 제대로 된 형식을 갖춘 음악을 '소나타'라고 이야기합니다. 예를 들어 바이올린과 피아노 듀오라면 '바이올린과 피아노를 위한 소나타'라고 부르죠.

베토벤의 〈바이올린 소나타 9번*Violin Sonata No. 9*〉이 아주 유명합니다. 한번 들어볼까요?

▶ **바이올린 소나타 9번-베토벤**

고난도의 기술을 요하는 곡으로, 바이올린과 피아노가 싸우는 듯한 격정적인 구성이 특징이다. 소나타 형식임에도 40분이나 되는 곡 길이로 유명하다.

바이올린 한 대가 멜로디를 연주합니다. 이 멜로디를 곧 피아노가 똑같이 연주하죠. 잠시 후, 두 악기가 대화하기 시작합니다. 앞부분

루돌프 크로이체르

에서는 바이올린이 피아노에게 말을 걸고, 서로 대답하면서 느린 서주가 이어집니다. 뒷부분에서는 화려한 기교를 선보이며 대화가 격해지죠.

사실 이 음악은 피아노가 반주를 한다는 느낌보다 두 악기가 균등한 위치에서 대화하는 느낌이 더 강하게 듭니다. 곡을 연습하는 과정도 마찬가지입니다. 연주자들은 이 곡을 어떻게 연주하고 표현할지 끊임없이 대화하면서 아름다운 음악을 만들어 나가죠.

이 곡에는 '크로이체르*Kreutzer*'라는 제목이 붙었는데, 이는 이 곡을 헌정받은 인물의 이름입니다. 루돌프 크로이체르*Rodolphe Kreutzer*는 당시 아주 유명한 바이올리니스트였죠. 저처럼 바이올린을 연주하는 사람들은 '크로이체르 교본'이라는 연습곡으로 이분을 한 번쯤 만나볼 수 있습니다. 〈바이올린 소나타 9번〉은 워낙 어려워서 크로이체르 본인도 연주를 거의 하지 않았다고 합니다.

이 곡은 기교가 어려울 뿐 아니라 길이도 매우 길어서 연주하기 힘든 곡으로 손꼽힙니다. 베토벤은 어려운 음악을 작곡하기로 유명했거든요. 그래서 베토벤의 곡을 연주하기 위해서는 상당한 연습 시간이 필요하고, 어떤 연주자들은 베토벤의 곡을 넘어야 할 큰 산으로 여기기도 합니다. 특히 말년에 작곡한 곡은 기괴한 느낌을 주기도 했기 때문에 해석조차 하기 어려울 정도죠.

♪ 3명이 모여 연주하는 트리오

　지금까지 2명이 연주하는 듀오에 대해 알아봤다면, 3명이 연주하는 3중주 '트리오'에 대해서도 알아볼까요? 어떤 악기가 모이든 3명만 충족되면 3중주라고 부릅니다. 가장 많은 3중주 곡은 '피아노 3중주'인데, 이는 피아노 3대를 의미하는 게 아닙니다. 피아노와 바이올린, 첼로가 연주하는 거죠. 그런데 왜 '피아노 3중주'라고 하는 걸까요?

　일반적으로 우리가 실내악에 대해 이야기할 때, 가장 기본적인 틀이 바로 현악기 앙상블입니다. 그 현악기 사이에 다른 악기가 들어와 있다면 그 악기의 이름을 곡에 붙이는 거죠. 즉 '피아노 3중주'라면 피아노를 제외한 나머지 악기가 전부 현악기인 겁니다. 그렇다면 피아노와 비올라 2대로 이루어진 3중주일 때는 어떻게 부를까요? '비올라 2대로 이루어진 피아노 3중주'라고 명확하게 표기합니다. 이러한 표기가 없는 피아노 3중주라면 무조건 피아노, 바이올린, 첼로로 구성된 겁니다.

　차이콥스키는 아름다운 피아노 3중주를 쓴 것으로 유명합니다. 차이콥스키에게는 '나데즈다 폰 메크*Nadezhda von Meck*' 부인이라는 후원자가 있었는데요. 후원자가 '당신이 이런 곡을 썼으면 좋겠다'라고 편지를 보내면 차이콥스키는 '그러면 후원자님을 위해 한번 도전해 보겠습니다'라고 답하며 활동했죠.

　어느 날, 그 후원자가 이런 이야기를 했습니다.

"당신 같은 대단한 작곡가가 피아노 3중주를 아직 써보지 않았으니, 그걸 써보는 게 어떨까요?"

그러자 차이콥스키는 단호하게 거절했다고 합니다.

"싫습니다. 피아노 3중주는 구성이 마음에 들지 않습니다. 저는 피아노 한 대와 현악기 두 대가 어울리지 않는다고 생각해요."

그렇게 피아노 3중주에 도전하지 않고 있던 어느 날, 자신을 정신적으로 지지해 준 스승이자 친구 니콜라이 루빈슈타인 *Nikolai Rubinstein*이 세상을 떠나는 일이 있었습니다. 차이콥스키는 이에 충격을 받았고, 루빈슈타인을 추모하는 의미로 피아노 3중주를 작곡해야겠다는 생각이 갑자기 들었다고 합니다. 후원자인 폰 메크 부인에게도 '당신이 옛날에 얘기했던 그 장르에 도전해보려 합니다'라고 전했죠.

결국 차이콥스키는 피아노 3중주 *Piano Trio Op. 50*를 완성했고, '위대한 예술가의 추억'이라는 부제를 붙였습니다. 일반적인 피아노 3중주보다 규모가 훨씬 큰 데다가, 2개의 악장만으로 이루어져 있죠. 1악장을 들어볼까요?

▶ **피아노 3중주 '위대한 예술가의 추억' 1악장-차이콥스키**
루빈슈타인을 기리며 작곡한 곡이다. 1악장은 어둡고 침울한 분위기이며, 2악장은 변주곡 형식으로 진행되다가 무거운 분위기로 끝난다.

피아노는 복잡한 반주를 하고, 바이올린이 첼로와 대화합니다. 곡 초반부터 사람을 울컥하게 만드는 곡입니다. 그리고 뒤로 갈수록 곡이 점점 복잡해지며 거대한 음악이 만들어집니다. 일반적으로 피아노 3중주는 3악장이나 4악장으로 구성된 경우가 많은데, 차이콥스키의 곡은 2악장까지만 구성한 후 2악장을 매우 거대하게 만들었습니다.

2악장은 매우 경쾌하게 시작합니다. 마치 피아니스트 루빈슈타인이 전성기를 맞이한 장면을 회상하는 것 같죠. 이 멜로디는 점점 복잡해지다가 후반부에는 1악장에서 나온 멜로디를 장엄하고 슬프고 격렬하게 연주하기 시작합니다. 마치 장례 행진을 하듯이 점점 줄어들죠. 마지막에는 조용하게 끝납니다. 이 곡은 연주할 때는 에너지를 바닥날 때까지 써야 합니다. 그래서 저도 이 곡을 연주했을 때 '아, 앙코르는 절대 못하겠다'라는 생각이 들 정도였습니다. 그만큼 연주자들에게 상당히 도전적인 곡으로 손꼽히죠.

♪ 4명이 모인 콰르텟

　자, 이제 악단에 한 명을 더 초대해 볼까요? 이제 4대의 악기가 모이는 4중주, 즉 콰르텟입니다. 피아노를 제외한 대부분의 악기는 단선율을 연주하는 경우가 많습니다. 그래서 4개의 단선율이 모이면 완벽한 수준의 음악을 만들어낼 수 있습니다. 실제로 실내악 작곡가들은 콰르텟 음악을 매우 많이 썼죠.

　가장 대표적인 구성은 현악 콰르텟입니다. 제1 바이올린, 제2 바이올린, 비올라, 첼로가 모인 구성이죠. 저도 '콰르텟엑스'를 만들 때부터 현악 4중주를 구성해 지금까지 이어 오고 있습니다.

　4중주는 하이든이 활동할 때 생겨났습니다. 하이든이 현악 4중주를 매우 좋아했거든요. 그리고 동시대를 살았던 작곡가 모차르트도 하이든의 영향을 받아 현악 4중주 23곡을 썼습니다. 모차르트가 35세에 요절한 것을 고려하면 엄청난 다작입니다. 그럼 모차르트의 〈현악 4중주 22번 2악장 *String Quartet No. 22 II. Larghetto*〉을 들어볼까요?

▶ **현악 4중주 22번 2악장-모차르트**

프로이센 국왕을 방문한 후 작곡한 곡이다. 출판사와의 계약에 실패해 빚을 안고 있던 모차르트는 국정에 고용되기 위해 첼로 멜로디를 강조한 곡을 썼다.

　주선율을 연주하는 악기는 무엇일까요? 놀랍게도 첼로입니다. 첼로가 엄청난 고음을 연주하고, 다른 세 악기가 반주하고 있는 거죠.

프리드리히 빌헬름 2세

그러다가 첼로의 멜로디를 바이올린이 받고, 다른 세 악기가 반주를 합니다. 마치 "첼리스트 님, 먼저 멜로디를 연주하세요. 하다가 조금 힘들어지면 저희가 받겠습니다"라고 대화하는 것 같습니다.

모차르트의 현악 4중주 세 곡인 21, 22, 23번은 첼로 연주를 매우 잘하던 왕에게 헌정하려고 한 곡이었습니다. 당시 모차르트는 프리드리히 빌헬름 2세라는 프로이센의 왕에게 잘 보이고자 했거든요. 그래서 원래 첼로가 먼저 멜로디를 연주하는 일이 드문 현악 4중주의 형식을 변형해 첼로에게 힘을 많이 실었습니다. 하지만 결국 왕의 밑에서 일하지는 못했죠.

이렇게 현악 4중주를 들어봤는데요. 4중주에는 피아노 4중주도 있습니다. 아까 피아노 4중주라고 해서 피아노 4대를 뜻하는 게 아니라고 말씀드렸죠? 현악 4중주는 피아노, 바이올린, 비올라, 첼로로

로베르트 슈만

구성돼 있습니다. 피아노와 현악기 3대의 소리의 조합이 기가 막히
게 어울립니다. 정말 아름다운 곡을 하나 들어보겠습니다.

▶ **피아노 4중주 3악장-슈만**

낭만적이고 서정적인 분위기가 특징이다. 숭고하고 마법 같은 곡
이라는 평가를 받으며, 이후 브람스가 영감을 받기도 했다.

　독일의 낭만주의 작곡가 슈만의 〈피아노 4중주 3악장*Piano Quartet
III. Andante cantabile*〉입니다. 클래식 음악을 틀어 놓다가 만약 이 음악
이 흘러나온다면, 하던 일을 멈추고 멜로디에 집중해 보세요. 바이올
린이 전주를 하고 빠지면 첼로가 등장합니다. 이 멜로디를 최고로 아
름다운 멜로디라고 생각하는 분들이 참 많습니다. 실내악 공연장에

가서 이 음악을 실제로 들으면 '내가 무덤까지 가지고 가고 싶은 음악이 있구나'라는 생각이 들 정도입니다.

🎼 여러 악기의 합주, 5중주부터 8중주까지

자, 이제 한 명 더 초대해 볼까요? 악기 5대가 모이면 '퀸텟'이 됩니다. 퀸텟은 피아노 5중주가 가장 많습니다. 사실 현대에 가까워질수록 작곡가들은 실내악 곡으로부터 멀어지기 시작했습니다. 그러던 중, '실내악을 다시 살려보자'라고 주장하는 작곡가들이 등장했는데요. 러시아의 드미트리 쇼스타코비치 *Dmitri Shostakovich*라는 작곡가는 초기에 피아노 5중주를 멋지게 쓴 적이 있었습니다. 들어보시죠.

▶ **피아노 5중주 4악장-쇼스타코비치**
베토벤 사중주단과의 만찬에서 피아노 5중주를 작곡해 볼 것을 제안받아 작곡했다고 알려졌다. 바로크와 낭만주의 시대의 요소가 융합된 구성을 갖추고 있다.

첼로가 피치카토로 현을 뜯으며 연주합니다. 바이올린은 고음에서 매우 느린 멜로디를 연주하죠. 처음에는 차분한 분위기를 유지하지만, 뒤로 갈수록 점점 긴장되는 분위기를 연출하다가 아주 강렬해집니다. 하지만 템포가 더 빨라지지 않고 절제하는 상태에서 격렬해지죠.

드보르자크도 피아노 5중주를 작곡했습니다. 〈피아노 5중주 2번 3악장 *Piano Quintet No. 2 III. Scherzo*〉은 아주 신나고 강렬한 음악으로, 피아노 5중주 연주회를 간다면 이 곡을 앙코르곡으로 들을 확률이 높습니다.

드미트리 쇼스타코비치

©Deutsche Fotothek
https://upload.wikimedia.org/wikipedia/commons/8/8f/Fotothek_df_roe-neg_0002792_002_Portrait_Dmitri_
Dmitrijewitsch_Schostakowitchs_im_Publikum_der_Bachfeier.jpg

이렇게 현악 5중주까지 살펴봤는데, 일반적으로 실내악은 5명까지 구성되어 있습니다. 하지만 6중주, 7중주, 8중주도 드물게 있죠. 6중주는 섹스텟이라고 부르며, 이 장르는 요하네스 브람스*Johannes Brahms*가 제대로 만들어내기도 했습니다. 6중주는 바이올린 2대, 비올라 2대, 첼로 2대로 구성돼 있어서 저음부가 강화되었죠. 브람스의 〈현악 6중주 1번 2악장*String Sextet No. 1 II. Andante, ma moderato*〉을 들어보겠습니다.

▶ **현악 6중주 1번 2악장-브람스**

'브람스의 눈물'이라고 알려진 2악장은 브람스가 가장 좋아하는 작품이었다. 그는 이 곡을 솔로 피아노로 편곡한 뒤 클라라 슈만에게 헌정했다.

요하네스 브람스

화려하게 표현하는 대신 진지하고 깊은 감성을 그려냅니다. 처음에 비올라가 솔로를 연주하다가 나중에 바이올린이 받습니다. 그리고 이 멜로디가 같은 화음에서 변형한다는 점에서 변주곡의 형식을 취하고 있습니다.

이렇게 브람스가 현악 6중주를 성공시키자, 이에 영향을 받은 작곡가들이 덩달아 현악 6중주를 쓰기 시작했습니다. 대표적인 인물이 바로 차이콥스키입니다. 그가 이탈리아를 여행하던 중, 피렌체에서 현악 6중주를 작곡하는데요. 그래서 나중에 이 곡에 '피렌체의 추억 *Souvenir de Florence*'이라는 제목이 붙게 됐습니다. 3악장과 4악장에 들어가는 러시아 민요풍의 멜로디로 인해 이탈리아적이면서도 러시아의 색채가 드러나는 곡이죠.

이제 7중주입니다. 7중주는 셉텟이라고 하는데, 6중주 구성에서 더블베이스가 들어온 구성입니다. 이 7중주로 명곡을 쓴 작곡가로는 독일의 리하르트 슈트라우스*Richard Strauss*가 있죠.

슈트라우스는 제2차 세계대전 당시 나치에 협력했다는 혐의를 받아 매우 고생했습니다. 그런데 제2차 세계대전이 끝날 때쯤 거꾸로 독일이 폭격을 받으면서 오페라 하우스가 무너지고 전소됐습니다. 슈트라우스는 이것을 추모하는 의미로 아주 느리고 슬픈 음악을 만들었죠. 한 악장이 무려 30분이나 되는 곡으로, 처음에는 조용하게 시작했다가 중간에는 어마어마하게 웅장해지고, 마지막에는 다시 조용해지면서 끝납니다. 이 음악은 계속해서 음악을 변형해서 사용한다는 뜻의 '메타모르포젠*Metamorphosen*'이라는 제목이 붙었습니다.

▶ **현악 7중주 메타모르포젠-슈트라우스**
슈트라우스가 괴테의 시에서 영감을 받아 작곡했다. 느린 도입부, 빠른 중간부, 느린 후반부 구성을 지니고 있으며, 복잡한 대위법이 특징이다.

중간 부분에서 악기들이 서로 얽히고 설키면서 클라이맥스를 만들어다가 줄어들기를 반복합니다. 그러다 마지막에는 조용하게 끝나죠. 이 곡의 매력에 빠진다면 한동안 이 곡만 듣게 될지도 모릅니다.

이제 마지막으로 현악 8중주입니다. 대표적인 작곡가인 펠릭스 멘델스존*Felix Mendelssohn*이 16세 때 두 팀의 현악 4중주를 위해 쓴 곡이 있습니다. 8명이 연주하기 때문에 두 명씩 짝지어 앙상블을 하기도

펠릭스 멘델스존

하고, 네 명이 선율로 싸우다가 합쳐지기도 합니다. 한번 들어볼까
요?

▶ **현악 8중주 4악장-멘델스존**

멘델스존의 바이올린 선생님에게 생일 선물로 작곡한 곡이다. 현
악 4중주가 주된 장르였던 당시 새로운 실내악 장르를 창조했다는
평가를 받는다.

처음에 첼로가 연주를 시작하고, 두 번째 첼로가 들어옵니다. 그리
고 비올라가 들어오고, 두 번째 비올라가 들어오죠. 그리고 나머지
바이올린 4명이 순서대로 들어옵니다. 이렇게 진행하다가 마지막에
현란하게 끝나죠. 엄청난 감동을 주는 곡입니다.

이렇게 실내악은 연주자 서로가 어우러지는 소리를 감상하는 재미가 있습니다. 내가 잠깐 쉴 때도 있고, 내가 반주를 할 때도 있죠. 실내악의 매력은 다양한 악기가 구성을 계속 다르게 연주하면서 정신 없고 아름다운 장면을 연출한다는 점에 있습니다.

부다페스트 현악 4중주단

🎼 '최애' 실내악단을 찾아서

그럼 역사적으로 유명했던 실내악단 몇 팀을 소개해보겠습니다. 먼저 헝가리를 중심으로 만들어진 '부다페스트 현악 4중주단'은 아주 역사적인 녹음을 많이 남겼습니다. 1917년부터 1967년까지 활동한 매우 오래된 앙상블인데요. 헝가리인 3명과 네덜란드인 1명으로 구성된 팀은 이후 러시아인 4명으로 바뀌기도 했죠. 이들의 사진을 보면 할아버지가 되어서도 연주하는 모습이 정말 인상적입니다. 저 역시 이들의 사진을 보고 '언젠가 이런 앙상블을 만들고 싶다'라고 생각해 4중주단 콰르텟엑스를 만들었거든요.

부다페스트 현악 4중주단은 베토벤의 현악 4중주 작품 전곡 연주가 유명한데, 이 곡은 1977년 우주탐사선 보이저호의 레코드판에 실리기도 했습니다. 지구 밖 외계인들도 현악 4중주를 듣는 날이 올까요?

또 '알반 베르크 콰르텟'은 오스트리아 비엔나를 중심으로 활동했는데요. 우리나라에 고별 연주를 하러 온 걸 본 적도 있습니다. '보자르 3중주'는 유명한 연주자들이 모여 연주하고, 역사적으로 유명한 작곡가들이 쓴 3중주 전곡을 녹음한 것으로 유명합니다.

지금도 무수히 많은 실내악단이 활발하게 활동하고 있습니다. 그러니 여러분, 마치 좋아하는 야구단을 고르듯이 좋아하는 팀을 찾아보세요. 좋아하는 실내악단의 연주회를 찾아다니면서 감상하다 보면 같은 곡을 악단별로 어떻게 해석하는지 차이를 느낄 수 있습니다. 또 클래식 음악을 사랑하는 사람들이 늘어날수록 세상에는 더 멋진 악단이 등장하고, 클래식 문화를 끝없이 이어갈 수 있습니다.

5강

협주곡

-오케스트라와
솔리스트의 만남

오케스트라 공연을 감상한 분이라면 바이올린, 첼로, 플루트 등 솔리스트가 앞에 서서 주멜로디를 연주하고, 오케스트라가 반주를 넣는 구성의 무대를 본 적이 있을 겁니다. 숙련된 연주자라면 반드시 거치는 무대이면서 누구나 서기 어려운 자리일 정도로 솔리스트의 기교가 중요한데요. 이번 강의에서는 솔리스트의 화려한 연주가 빛나는 '협주곡'에 대해 자세히 알아보겠습니다.

5강의 PLAYLIST

＋

브란덴부르크 협주곡 5번 1악장 - 바흐

바이올린 협주곡 5번 1악장 - 모차르트

바이올린 협주곡 3악장 - 멘델스존

바이올린 협주곡 1악장 - 차이콥스키

첼로 협주곡 3악장 - 드보르자크

피아노 협주곡 5번 2악장 - 베토벤

피아노 협주곡 2번 2악장 - 쇼스타코비치

클라리넷 협주곡 2악장 - 코플랜드

트럼펫 협주곡 3악장 - 하이든

서주와 알레그로 - 엘가

가장 뛰어난 사람은
고뇌를 통해 환희를 차지한다.

– 루트비히 판 베토벤

🎼 협주곡이란?

협주곡*concerto*은 오케스트라가 반주를 하고 앞에 솔리스트가 나와 연주하는 형태를 뜻합니다. '협주'와 '합주'는 어떻게 다를까요? 협주는 '도울 협協'을 써서 오케스트라와 솔리스트가 서로를 도와준다는 의미를 내포하고 있습니다. 반면 합주는 '합할 합合'을 써서 4강에서 다룬 실내악처럼 동등한 위치에서 함께 연주하는 것을 뜻합니다.

협주곡은 여러 악장으로 이루어져 있기 때문에 일종의 소나타입니다. 일반적으로는 빠른 악장, 느린 악장, 다시 빠른 악장이라는 3개의 악장으로 이루어져 있죠. 또 협주곡은 공연 프로그램의 1부에 배치되는 경우가 많으며, 유명한 솔리스트가 등장하죠. 그래서 협주곡을 감상하러 가실 땐 팸플릿을 보고 솔리스트가 누구인지 먼저 찾아보는 걸 추천합니다.

바이올리니스트 힐러리 한Hilary Hahn의 바이올린 협주곡 연주 모습

©Deutsche Fotothek

https://upload.wikimedia.org/wikipedia/commons/6/6b/Bremen-_Hahn12.jpg

🎼 협주곡의 발전

협주곡은 시대가 흐를수록 형태가 많이 바뀌었습니다. 먼저 바로크 시대에는 오케스트라 앞쪽에 솔리스트가 나오는 경우도 있었지만, 그냥 함께 연주하는 경우도 많았습니다. 즉 솔리스트가 따로 서 있는 게 아니라 오케스트라 속에 앉아있는 겁니다. 오케스트라의 각 악기별 수석들이 솔로를 잠깐씩 연주하는 식이었죠. 그런 형식을 '합주 협주곡', 이탈리아어로 '콘체르토 그로소'라고 부릅니다.

바로크 시대의 콘체르토 그로소를 살펴볼까요? 먼저 바흐의 〈브란덴부르크 협주곡*Brandenburg concerti*〉입니다.

안토니오 비발디

▶ **브란덴부르크 협주곡 5번 1악장-바흐**

바흐가 작곡한 기악곡 6개를 모은 것으로, 크리스티안 루트비히에게 헌정됐다. 다양한 구성의 솔로와 합주가 어우러지는 곡이다.

 음악 중간중간에 현악기와 관악기 솔리스트의 선율이 튀어나오죠? 바흐가 존경한 안토니오 비발디*Antonio Vivaldi*라는 작곡가도 콘체르토 그로소를 매우 많이 썼습니다.

 바로크 시대 이후 고전주의 시대에는 본격적으로 솔리스트가 앞에 나오는 협주곡들이 많아지기 시작했습니다. 바로크 시대에는 여러 개의 선율이 함께 움직이는 '다성음악'이 유행했는데, 선율이 한꺼번에 들리기 때문에 일반 사람들은 멜로디를 명확하게 기억하지 못했습니다. 그래서 선율을 명확하게 들리게 하기 위해 주된 선율을 중심으로 나머지 악기가 반주하는 형태가 두드러졌죠. 오케스트라의 역할이 간소화된 대신, 앞에 서 있는 솔리스트가 기교를 부리며 어려운 멜로디를 연주했습니다.

낭만주의 시대에는 점점 솔리스트의 실력이 발전하면서 어마어마한 기교를 자랑하기 시작했습니다. 그래서 기교를 과시할 수 있는 음악이 많이 등장했죠. 작곡가이자 피아니스트인 쇼팽은 피아노가 곡 전반적으로 많은 역할을 하는 협주곡을 만들어냈습니다. 또 성악에도 '벨칸토 시대'가 찾아와 성악가들이 앞으로 나와 기교를 뽐냈죠.

오랜 낭만주의 시대가 끝나고 20세기가 되자 사람들은 그동안의 틀을 부수려고 연구를 하기 시작했습니다.

'왜 오케스트라가 반주로만 전락해야 할까?'
'그 많은 사람들을 반주로만 쓰기에는 아깝지.'

이런 생각을 가진 사람들은 오케스트라와 솔리스트의 비중을 균등하게 배분하기 시작했습니다. 그동안 사용하지 않았던 악기, 복잡한 화음이 나옴과 동시에 전통적인 협주곡 형식을 고수하기도 했습니다. 그래서 솔리스트도, 오케스트라도 기교를 부리는 음악으로 발전했죠. 저 역시 20세기 이후의 협주곡을 연주하는 것을 어려워합니다. '웬만하면 20세기 이후의 협주곡 반주는 안 했으면 좋겠다'라고 생각할 정도죠. 또 20세기부터는 곡의 규모를 줄여서 고전주의 시대에 유행한 작은 규모의 실내악도 발전시켰습니다.

🎼 현악기를 위한 협주곡

제가 이 강에서 여러분에게 협주곡을 소개하는 방식은 시대별로 구분하는 게 아닙니다. 협주곡은 어쨌든 솔리스트의 악기 소리가 두드러져야 하기 때문에 그 악기는 여러 대의 악기를 이길 수 있는 소리를 가지고 있어야 합니다. 그래서 유난히 바이올린 협주곡과 피아노 협주곡의 개수가 많습니다.

먼저 유명한 바이올린 협주곡들을 들려드리겠습니다. 고전주의 시대에 협주곡의 형태가 두드러졌다고 말씀드렸죠? 대표적인 작곡가는 바로 하이든, 모차르트, 베토벤으로, 그중 모차르트의 바이올린 협주곡은 총 5개 있습니다. 특히 아주 유명한 〈바이올린 협주곡 5번 1악장 *Violin Concerto No. 5 I. Allegro aperto*〉을 들어보겠습니다.

▶ **바이올린 협주곡 5번 1악장-모차르트**

모차르트가 잘츠부르크에서 작곡한 곡으로, '터키 협주곡'이라고도 불린다. 1악장은 오케스트라의 주제부 연주와 바이올린 솔로가 주고받으며 진행하는 형식이다.

바이올린이 깨끗한 선율로 연주하고, 뒤에서 오케스트라가 아주 부드럽게 반주를 넣습니다. 솔로를 연주할 타이밍을 기다리다가 첫 음을 내는 순간, 얼마나 고르게 연주해야 하겠습니까? 바이올린은 손을 조금이라도 떨면 덜덜 소리가 나서 연주에서 티가 납니다. 그래서 연주할 때 손을 떨지 않는 연습도 필요하죠.

볼프강 모차르트

　사실 모차르트의 바이올린 협주곡은 특히 깨끗하게 연주해야 하는데, 모차르트는 어릴 때부터 바이올린을 잘 연주해서 '버터의 바이올린 연주'라는 별명까지 있었다고 합니다. 연주할 때 떨림 없이 너무 부드럽게 연주했기 때문이죠. 깨끗한 음, 부드러운 선율, 완벽한 기교까지 갖춰야 하는 어려운 곡입니다. 오디션 곡으로도 자주 등장하죠.

　3악장은 튀르키예풍의 행진곡으로, 바이올린의 화려한 기교와 관현악의 스타카토 리듬이 조화를 이루며 독특한 매력을 발산합니다. 당시 튀르키예 문화가 유행하면서 작곡가들이 이국적인 튀르키예풍 음악을 많이 썼다고 하죠.

　이제 낭만주의 시대의 바이올린 협주곡을 살펴보겠습니다. 멘델스존은 너무 아름다운 협주곡을 써서, 당시 그의 친구들은 이렇게 말하

모차르트의 피아노 소나타 11번 악보다.
'Alla Turca'는 '터키풍으로'라는 뜻이다.

기도 했습니다.

"당신은 최고의 바이올린 협주곡을 썼다."

현란하고 아름다운 멘델스존의 협주곡, 들어볼까요?

 ▶ 바이올린 협주곡 3악장-멘델스존

멘델스존의 마지막 대규모 오케스트라 작품으로, 바이올린 연주자라면 반드시 거쳐야 할 곡으로 알려졌다. 3악장은 론도 형식으로 화려한 선율이 특징이다.

〈바이올린 협주곡 3악장 *Violin Concerto Op. 64 III. Allegro molto appassionato*〉입니다. 현란한 멜로디를 귀엽게 연주하다가, 신나게 연주하다가 갑자기 구슬퍼지기도 합니다. 이렇게 바이올린으로 인간의 다양한 감정을 깊이 있고 우아하게 연주하죠. 이 협주곡은 3개의 악장이 이어져 있어서 쉬지 않고 30분 동안 연주해야 합니다. 듣기에 너무 길다고요? 너무나 아름다운 멜로디로 가득하기 때문에 시간이 후딱 지나갈 겁니다.

차이콥스키의 바이올린 협주곡도 들어볼까요? 지금은 너무 유명하고 많이 연주하지만, 사실 옛날에는 너무 어려워서 연주할 수 없다고 판단한 곡입니다.

▶ **바이올린 협주곡 1악장-차이콥스키**

아내와의 좋지 않은 관계로부터 온 우울을 회복하기 위해 요양하던 중 작곡했다. 차이콥스키의 유일한 바이올린 협주곡이다. 바이올리니스트들에게 고난도의 곡으로 유명하다.

〈바이올린 협주곡 1악장 *Violin Concerto Op. 35 I. Allegro Moderato*〉입니다. 바이올린 선율의 아름다움이 느껴지죠. 바이올린이 저음에서 아주 자유로운 선율을 연주하면서 시작하는 이 곡은 특히 중간 부분이 압권입니다. 바이올린 솔로가 잠깐 쉴 때 오케스트라가 앞에서 나온 선율을 다시 웅장하게 연주하는 부분이죠.

🎼 첼로를 위한 협주곡

이제 첼로 협주곡으로 넘어가 봅시다. 첼로 협주곡의 개수도 많은 편이지만, 바이올린 협주곡보다는 적습니다. 그리고 '첼로 협주곡'이라는 장르는 대중에게 인정받은 지 얼마 되지 않았습니다. 물론 모차르트 이전에 하이든도 유명한 첼로 협주곡을 쓰긴 했지만, 당시 사람들이 선호하는 장르는 아니었습니다. 첼로는 저음을 내는 악기이니, 솔로 악기로서 오케스트라가 연주하는 소리를 뚫고 나오기 어렵다고 생각한 거죠.

음향적으로 제한이 있다고 판단되던 첼로는 이후 드보르자크라는 작곡가가 아주 멋진 첼로 협주곡을 쓰면서 주목받기 시작했습니다. 드보르자크는 첼로로 엄청난 시도를 했는데, 저음 악기임에도 고음까지 올라가고 어마어마한 기교를 부렸죠. 이를 본 다른 작곡가들은 깜짝 놀랐습니다. 특히 브람스는 '아, 첼로 협주곡이 저 정도 지위를 누릴 줄 알았다면 내가 첼로 협주곡을 쓸 걸'이라고 후회했다고 합니다. 드보르자크의 〈첼로 협주곡 3악장 *Cello Concerto Op. 104 III. Finale*〉, 들어볼까요?

▶ **첼로 협주곡 3악장-드보르자크**
세계 3대 첼로 협주곡 중 하나로 손꼽히는 대표 첼로 음악이다. 3악장은 고음을 연주하던 첼로가 잦아들면서 죽음을 연상시키고, 이후 웅장해지면서 천국을 연상시키는 구성을 가지고 있다.

첼로가 고음에서 기교를 부리고, 오케스트라와 대화합니다. 언뜻 들으면 기교를 과시하기만 하는 것 같지만, 뒷부분을 들으면 음악이 느려질 때 목관 악기의 아름다운 앙상블을 들을 수 있습니다. 특히 마지막 부분에서는 듣는 사람을 음악에 완전히 빠져들게 한 다음, 천천히 끝납니다. 드보르자크는 정말 낭만을 아는 작곡가였던 것 같네요. 이 곡은 매우 길지만, 지루한 부분이 전혀 없고 멋진 첼리스트를 만날 수 있으니, 꼭 공연장에 가서 감상하는 걸 추천합니다.

🎼 피아노를 위한 협주곡

피아노 협주곡은 어떨까요? 원래 피아노가 오케스트라에 포함되어 있는 경우, 그 역할이 크지 않습니다. 음향 효과나 타악기 정도의 역할을 하죠. 하지만 피아노가 솔리스트로 나오는 경우, 어느 악기보다도 현란한 연주가 돋보입니다. 피아노는 양손 열 손가락을 모두 쓰기 때문이죠. 그래서 오케스트라는 피아노를 받쳐주는 역할에 그칠 때가 많습니다.

유명한 피아노 협주곡으로는 베토벤의 〈피아노 협주곡 5번*Piano Concerto No. 5*〉이 있습니다. '황제'라는 제목이 붙은 곡으로, 그중 가장 유명한 2악장을 들어봅시다.

▶ 피아노 협주곡 5번 2악장-베토벤

프랑스의 나폴레옹이 빈을 점령하면서 사회가 혼란스러울 당시 작곡한 곡이다. 2악장은 3부로 구성되어 있으며, 1부를 변주하는 형식을 따르고 있다.

피아노의 선율이 위에서부터 내려오고, 뒤에서는 조용하게 현악기들이 반주하고 있습니다. 피아니스트는 이렇게 생각하고 있을 겁니다.

'나는 항상 혼자 연습실에 갇혀 연습하는 외로운 연주자지만, 드

막심 쇼스타코비치
©Quincena Musical
https://upload.wikimedia.org/wikipedia/commons/6/6d/Maxim_Shostakovich_1967.jpg

디어 오케스트라와 함께하면서 이렇게 아름다운 소리를 만들어내고 있구나.'

피아노는 원래 혼자 연주하는 악기인데, 오케스트라와 합쳐지는 순간 독특하고 환상적인 소리가 납니다. 베토벤은 그 순간을 잡아낸 거죠. 이 곡은 베토벤의 제자인 체르니가 초연한 것으로 유명했습니다.

피아노 협주곡은 느린 악장인 2악장이 정말 아름답습니다. 쇼팽의 〈피아노 협주곡 2번 2악장 *Piano Concerto No. 2 II. Larghetto*〉과 라벨의 〈피아노 협주곡 2악장 *Piano Concerto II. Adagio assai*〉도 아름다우니 꼭 들어보세요.

또 쇼스타코비치라는 러시아 작곡가가 자신의 아들을 생각하며 쓴 피아노 협주곡도 있습니다. 그의 아들은 막심 쇼스타코비치 *Maxim Shostakovich*로, 훗날 유명한 음악가이자 지휘자가 됐습니다. 아버지 드미트리 쇼스타코비치는 아들에게 〈피아노 협주곡 2번 2악장 *Piano Concerto*〉을 헌정했죠.

▶ **피아노 협주곡 2번 2악장-쇼스타코비치**

쇼스타코비치가 아들의 생일을 맞아 작곡했다. 현악기로 시작하는 2악장은 피아노의 선율로 이어진다. 비교적 단순한 구성이지만 호평을 받으며 쇼스타코비치의 가장 잘 알려진 곡 중 하나로 자리잡았다.

마치 피아노 솔로라고 느껴질 정도로 뒤에서 오케스트라가 아주 조용히 반주하고 있습니다. 우주에 떠다니는 것처럼 몽롱한 부분도 있고, 처음에 등장한 느린 멜로디가 여러 번 등장하기도 하죠. 이렇게 아름다운 멜로디를 가지고 오는 작곡가들은 보면 볼수록 신기합니다. 예술가들은 도저히 사람이 만들었다고 생각할 수 없을 정도의 아름다운 예술을 보여줍니다. 감상자들을 감동시키는 예술가의 마음이 참 대단합니다.

아론 코플랜드

🎼 관악기를 위한 협주곡

다음으로는 목관악기 협주곡입니다. 특히 목관악기는 높은 음역대를 지닌 것이 많아 오케스트라 반주의 소리를 뚫고 나옵니다. 그중 클라리넷은 독특한 음색이 돋보이며, 재즈에서와 다르게 클래식 음악에서는 비브라토 없이 일정하게 연주하죠.

미국 작곡가 아론 코플랜드*Aaron Copland*는 당시 재즈 연주자 베니 굿맨*Benny Goodman*이라는 클라리네스트를 위해 협주곡을 써줬습니다. 현악기와 하프가 클라리넷과 조화를 이루며 점점 짙어지죠. 〈클라리넷 협주곡 2악장 *Clarinet Concerto No. 2 II. Rather fast*〉, 들어볼까요?

▶ 클라리넷 협주곡 2악장-코플랜드
베니 굿맨의 의뢰로 작곡한 협주곡으로, 카덴차로 이어져 클라리넷의 기교가 돋보이는 서정적인 분위기를 조성한다.

숲 속을 거니는데 나뭇잎 사이로 햇빛이 들고 있습니다. 여러분은 이것을 방해하지 않기 위해 낙엽을 아주 조심조심 밟고 지나가죠. 일정하게 반주하는 하프의 음색 뒤로 현악기가 조심스럽게 섞이는 소리를 들으면 각자가 생각하는 아름다운 순간이 머릿속에 그려질 겁니다.

이 곡의 재미있는 점은, 뒷부분은 화려해지면서 재즈가 등장한다는 겁니다. 클래식 음악을 재즈의 리듬과 교묘하게 섞어서 아주 세련된 음악이 완성됐습니다.

금관악기 협주곡도 있습니다. 가장 유명한 트럼펫 협주곡으로는 하이든의 〈트럼펫 협주곡 3악장 *Trumpet Concerto III. Allegro*〉이 있죠. 고전주의 시대의 트럼펫 연주 기술을 잘 보여주는 곡입니다.

▶ 트럼펫 협주곡 3악장-하이든
트럼펫 연주자 안톤 바이딩거를 위해 작곡한 곡이다. 하이든 생애에서 가장 마지막에 작곡된 협주곡으로, 트럼펫과 오케스트라가 선율을 주고받는 론도 형식이다.

그런데 멜로디가 조금 익숙하지 않나요? 바로 드라마 〈오징어 게임〉에 등장한 음악입니다. 등장인물들이 기상할 때 이 음악이 나오죠. 드라마를 시청하던 외국 사람들은 "뭐야, 갑자기 왜 클래식이 나오지?"라는 반응을 보였다고 하죠. 그리고 놀랍게도 MBC 프로그램 〈장학퀴즈〉에 이 음악이 자주 등장했습니다. 한국 사람들은 이 트럼펫 협주곡을 들으면 "어, 〈장학퀴즈〉 노래잖아?"라고 떠올리곤 합니다.

지금까지 여러 악기의 협주곡을 살펴보았는데요. 협주곡의 가장 큰 특징은 1악장이 끝날 때 '카덴차 cadenza'를 연주한다는 겁니다. 카덴차는 '종결시키다'라는 뜻으로, 1악장이 끝나기 전에 오케스트라 반주 없이 솔리스트가 혼자 기교를 부리는 부분입니다. 앞서 들었던 모차르트 바이올린 협주곡 3번의 카덴차 부분을 들어보면, 연주자별로 그 곡에 어울리는 즉흥 연주를 하는 것을 들어볼 수 있습니다. 카덴차는 연주자가 직접 만들 때도 있고, 작곡가가 작곡해두기도 합니다. 같은 곡이라도 연주자에 따라 다르게 표현하는 카덴차를 비교해보는 것은 어떨까요?

🎼 실내악을 위한 협주곡

마지막으로는 '실내악을 위한 협주곡'이 있습니다. 말 그대로 실내
악단이 협연하는 구성이죠. 베토벤이 이 장르로 〈삼중 협주곡*Triple
Concerto*〉이라는 아주 유명한 곡을 작곡했습니다. 피아노 트리오인 피
아노, 바이올린, 첼로가 앞에 나와 연주하는 곡이죠.

이 곡을 처음 연주하려고 한 피아니스트가 연주를 그렇게 잘하지
않았기 때문에 부담을 덜어주기 위해 썼다는 이야기도 있지만, 정확
하게 확인된 바는 없습니다. 왜냐하면 3명이 협연한다고 해도 어느
악기 하나 쉽지 않은 곡이거든요. 연주자를 이렇게 고생시키다니, 베
토벤도 참 괘씸하죠?

그리고 현악 4중주가 앞에서 연주하는 협주곡도 있습니다. 〈위풍
당당 행진곡〉〈사랑의 인사〉로 유명한 엘가가 작곡한 〈서주와 알레
그로*Introduction and Allegro*〉입니다.

▶ 서주와 알레그로-엘가

오케스트라와 각 파트 수석들의 기교가 과시되는 곡이다. 16분 음
표가 서로 번갈아 반복되며 멜로디가 활기차게 이어진다.

아름다운 영국 시골 풍경이 그려집니다. 오케스트라가 아주 조용
히 반주하고, 현악 4중주 중 비올라가 솔로를 연주하죠. 뒷부분에서
는 매우 빠른 부분이 나오고, 현악 4중주가 오케스트라와 번갈아 가

며 대화합니다. 이 곡은 악장이 나뉘지도 않고 전체 길이가 15분에 불과하죠.

지금까지 다양한 협주곡을 들려드렸는데, 어떠신가요? 협주곡의 매력에 푹 빠지지 않았나요? 4강에서 소개한 교향곡과 달리 오케스트라가 주로 솔로 악기의 선율을 받쳐주는 역할을 하지만, 오히려 그만큼 곡의 기승전결이 뚜렷하게 다가오고 솔로가 더 빛납니다.

협주곡을 직접 듣고 싶어진다면, 좋아하는 클래식 연주자를 먼저 정해보세요. 우리나라에 피아니스트 조성진, 바이올리니스트 정경화, 첼리스트 장한나 등이 있고, 해외 연주자도 참 많습니다. 그다음, 이들이 협연하는 오케스트라 공연을 예매해 감상하는 겁니다. 모든 클래식 공연이 다 그렇지만, 협주곡은 유독 직접 보고 들어야 진정한 매력을 느낄 수 있거든요.

6강

오페라
－바로크에서 벨칸토 시대로

'오페라'라는 단어의 뜻을 아시나요? 오페라는 이탈리아어로 '작품'이라는 뜻입니다. 즉 작곡가와 연출가들이 노력해서 만들어낸 최고의 창작품을 뜻하죠.

사실 우리나라에서 오페라의 입지는 넓지 않습니다. 호불호가 심하게 갈리는 장르거든요. 처음으로 오페라를 감상하러 갔는데 재미가 없으면 두 번 다시 보지 않는 경우가 참 많습니다. 그래서 처음으로 접하는 오페라가 정말 중요하죠.

오페라를 참 좋아하는 제가 두 강의에 걸쳐 여러분에게 오페라의 진짜 매력을 전해드리겠습니다.

6강의 PLAYLIST

✦

나를 울게 하소서 - 헨델

지옥의 복수심이 내 마음에 끓어오르고 - 모차르트

나는 이 거리의 만물박사 - 로시니

광란의 아리아 - 도니제티

아, 나의 친구들이여, 얼마나 축하할 날인가! - 도니제티

정결한 여신 - 벨리니

여자의 마음 - 베르디

개선행진곡 - 베르디

음악이라는 언어는 시대와 국적을 초월한다.
음악은 가슴으로 이해하는 것이기 때문이다.

- 조아키노 로시니

♪ 오페라의 요소

오페라는 음악과 연극뿐 아니라 문학, 미술, 무용, 공간, 빛이 융합한 서양 예술입니다. 작곡가와 대본가, 연출가가 협업하며 보통 무대 아래에서 오케스트라가 음악을 만들어 내죠. 음악과 연극이 융합한 형태는 고대 그리스 비극에도 있었는데, 특히 중세와 르네상스 시대 궁정에서 왕실과 귀족을 위한 오락적 형태로 발전한 것이 오페라의 본격적인 기원이라고 알려져 있습니다.

오페라를 접하기 전에는 그 오페라에 나오는 유명한 '아리아 $aria$'를 먼저 알고 가는 것이 좋습니다. 아리아는 오페라에서 가수가 부르는 노래를 뜻하며, 아리아를 알고 가면 중간중간 '어, 이거 내가 아는 음악이네?' '아, 그래서 앞뒤 내용이 이렇게 이어지는구나'라고 깨달을 수 있습니다.

오페라라는 연극을 위해서는 노래만으로는 부족합니다. 노래와 노래를 연결하는 대사가 필요하죠. 그런데 옛날에는 그 대사조차 '레치타티보 $recitativo$'라는 음악으로 만들었습니다. 아리아처럼 완성된 형태의 음악은 아니지만 "그래서 내가 어떻게 하면 되나요?" "제가 지금부터 사랑 노래를 들려드릴까요?" 같은 대사를 마치 랩을 하듯이 흥얼거렸죠.

🎼 바로크 오페라

먼저 바로크 시대의 아주 유명한 오페라를 하나 소개해보겠습니다. 게오르크 헨델의 〈리날도Rinaldo〉라는 작품입니다. 헨델은 원래 독일 사람이었지만 나중에 영국으로 귀화했고, 그곳에서 오페라를 많이 써서 히트를 쳤습니다. 당시 이탈리아 오페라가 전 세계적으로 유행했기 때문에 이탈리아어로 작곡했죠.

그러면 영국 사람들이 어떻게 이탈리아어 오페라를 감상했을까요? 영어로 번역된 가사집을 보면서 오페라를 봤다고 합니다. 책을 보면서 음악을 감상하다니, 불편하지 않았을까 싶죠. 사실 바로크 시대 오페라에는 가사가 많지 않았습니다. 한 문장을 반복하는 형태였죠. 그래서 사람들은 가사집을 보고 '이런 내용이구나'라고 파악한 뒤 음악을 들었습니다.

〈리날도〉는 십자군 전쟁을 배경으로 하는 오페라로, 아주 유명한 아리아가 있습니다. 〈나를 울게 하소서Lascia ch'io pianga〉, 들어볼까요?

▶ **나를 울게 하소서-헨델**
〈리날도〉 2막 중, 적군에게 붙잡힌 알미레나가 자유를 염원하며 부르는 노래다. 영화 〈파리넬리〉에서 카스트라토가 부르는 아리아로 유명하다.

리날도의 서사를 그린 〈정원에 있는 리날도와 아르미다〉

1차 십자군 전쟁 때, 십자군 군대가 예루살렘을 탈환하기 위해 움직였습니다. 궁지에 몰린 사라센 군대는 승기를 잡기 위해 십자군 군대 장군의 여자 친구인 알미레나를 납치했죠. 알미레나는 적군의 군대에 잡힌 채 슬퍼했습니다. 적군의 왕은 그녀에게 이렇게 말했습니다.

"울지 마십시오. 당신이 우니 나도 가슴이 아픕니다. 당신이 십자군을 배반하고 내게 사랑을 바친다면, 당신을 풀어줄 수 있습니다."

그러자 알미레나는 이렇게 답했죠.

"저는 지금 좌절감에 빠져 있습니다. 제발 저를 혼자 울게 내버려 두세요."

이때 바로 이 아리아가 흘러나옵니다.

나를 울게 하소서
잔혹한 나의 운명이여
한탄으로 자유를 그리네
난 한탄하네
한탄으로 자유를 그리네

〈리날도〉는 전쟁 상황에서 마법이 활개를 치는 매우 복잡한 줄거리를 가지고 있기 때문에 여러분에게 생소할 수 있습니다. 하지만 〈나를 울게 하소서〉라는 아리아가 아름답기로 유명한 곡이기 때문에 꼭 감상하길 추천합니다.

당시 〈리날도〉 같은 형식의 오페라가 많이 등장했지만, 고전주의 시대에 접어들면서 헨델의 명성을 잇는 오페라 작곡가가 나타났습니다.

🎼 고전주의 오페라

모차르트는 35세에 생을 마감했지만, 짧은 인생에도 상당히 많은 오페라를 썼습니다. 당시에도 이탈리아 오페라가 유행했기 때문에 모차르트도 이탈리어어로 오페라를 작곡했죠. 하지만 나중에는 모국 오스트리아의 언어인 독일어로 된 오페라도 쓰기 시작했습니다.

모차르트가 마지막으로 남긴 오페라는 '징슈필 *singspiel*'이었습니다. 징슈필은 독일식 마당놀이로, 연극을 하다가, 노래하다가, 다시 연극을 하는 구조였습니다. 가벼운 오페라였던 거죠. 모차르트의 대표적인 오페라로는 〈마술피리 *Die Zauberflöte*〉가 있습니다.

밤의 여왕에게 딸이 있었는데, 그녀는 왕자와 만나고 있었습니다. 어느 날 딸이 납치되자, 밤의 여왕은 왕자에게 마술피리를 쥐여주며 딸을 구해오라고 했죠. 하지만 사실 밤의 여왕은 거짓말쟁이에 사악한 사람이었습니다. 오히려 딸을 납치한 남자가 더 훌륭한 사람이었죠. 밤의 여왕은 그 사람을 싫어하고 있었기 때문에 딸에게 칼을 주며 이렇게 협박했습니다.

"지금 네 옆에 있는 인물을 죽여라. 나 대신 복수를 해라! 네가 만약 복수를 하지 않으면 너는 내 딸이 아니야. 하늘이 맺어준 인연도 내가 끊어버리겠다!"

살벌한 가사지만 노래가 너무 아름답기로 유명합니다. '밤의 여왕 아리아'로 잘 알려진 〈지옥의 복수심이 내 마음에 끓어오르고 *Der Hölle Rache kocht in meinem Herzen*〉를 한번 들어볼까요?

▶ 지옥의 복수심이 내 마음에 끓어오르고-모차르트

〈마술피리〉제2막에서 나오는 아리아다. 오페라 중 가장 유명한 아리아 중 하나로, 격정적이고 빠른 스타카토가 특징이다. 이 아리아의 초연은 뛰어난 성악가였던 모차르트의 시누이가 공연했다.

지옥의 복수심이 내 마음에 끓어오르고
죽음과 절망이 나를 휩쓸고 지나가네.

자라스트로가 너에 의해 죽음의 고통을 느끼지 못하게 되면
너는 더 이상 내 딸이 아니다.

초고음을 내는 노래이기 때문에 오페라 가수 중에서도 '콜로라투라coloratura'라는, 높은 음역에서 기교를 부리는 소프라노만 부를 수 있는 곡입니다.

한편 모차르트와 동시대를 살았던 베토벤도 오페라를 썼습니다. 그런데 특이하게도 딱 한 작품만 썼죠. 〈피델리오Fidelio〉라는 오페라로, 곡 전체가 감옥 안에서 벌어지는 이야기입니다. 그래서 분위기가 굉장히 어둡죠. 부인이 억울하게 잡혀간 남편을 찾기 위해 남자로 변장하고 감옥으로 침투합니다. 사랑과 용기로써 남편을 구해온다는 매우 숭고한 이야기죠.

그런데 〈피델리오〉는 별로 인기가 없는 오페라입니다. 분명 걸작이지만, 당시 유행하던 오페라처럼 성악가의 기교가 과시되지 않고, 연주자의 기교만 현란하죠. 그래서 마치 교향곡을 듣는 것 같습니다.

〈피델리오〉 공연 장면

분위기가 너무 무겁기도 했고요. 극음악으로서 인기는 없었지만, 연주자들 사이에서는 기가 막힌 음악이라는 평가를 받아왔죠.

조아키노 로시니

🎼 벨칸토 오페라

성악가의 기교가 과시되는 오페라인 '벨칸토 오페라'의 시대가 열렸습니다. '벨칸토'는 '아름다운 노래'라는 뜻으로, 성악가들이 최고의 기량을 뽐내죠. 벨칸토 오페라는 이탈리아를 중심으로 유행했고, 조아키노 로시니 *Gioacchino Rossini*라는 작곡가가 활약했습니다. 로시니는 특히 이탈리아 코미디 오페라인 '오페라 부파*opera buffa*'를 매우 잘 썼습니다. 유명한 작품으로는 〈세비야의 이발사*Il barbiere di Siviglia*〉가 있는데, 아리아 〈나는 이 거리의 만물박사*Largo al factotum*〉는 누구나 한 번쯤 들어봤을 법한 멜로디입니다.

▶ **나는 이 거리의 만물박사-로시니**

보마르셰의 희곡 〈피가로 삼부작〉 중 첫 번째를 오페라로 작곡했다. 초연에는 관객들이 야유하며 실패로 끝났지만, 그 이후 얼마 지나지 않아 대성공을 거두었다.

나는 이 거리에서 제일가는 만물박사라네. 라르고!
라랄라 라랄라 라랄라 라!
동이 트고 있으니 서둘러 출근을 해야지 프레스토!

'피가로'라는 이발사가 광장에 등장해 자기 자랑에 심취하는 아리아입니다.

"나는 머리를 너무 잘 깎고, 그 외에도 재주가 너무 많아서 모두가 나를 원해. 이쪽에서도 피가로, 저쪽에서도 피가로, 다 나만 찾고 있어."

그런데 '피가로'라는 이름, 어디서 많이 들어보지 않았나요? 바로 모차르트의 오페라 〈피가로의 결혼〉에도 피가로가 등장합니다. 동명 이인이 아니라 동일한 인물입니다. 사실 이전에 극작가 보마르셰가 피가로를 소재로 한 3부작짜리 이야기를 만든 적이 있었습니다. 모차르트가 속편으로 〈피가로의 결혼〉을 썼으며, 로시니가 그 전편을 리메이크한 겁니다. 1부가 〈세비야의 이발사〉, 2부가 〈피가로의 결혼〉, 3부가 〈죄지은 어머니〉죠. 로시니의 〈세비야의 이발사〉는 반전에 반전을 거듭하는, 포복절도할 정도로 너무 재미있는 희극 오페라입니다.

벨칸토 시대의 대표적인 작곡가로는 가에타노 도니체티 *Gaetano Donizetti*도 있습니다. 수많은 오페라를 썼는데, 코미디뿐 아니라 비극도 잘 썼습니다. 작곡을 빨리하기로 유명하기도 했죠. 〈사랑의 묘약 *L'elisir d'amore*〉이라는 오페라의 경우 2주 만에 썼다고 합니다.

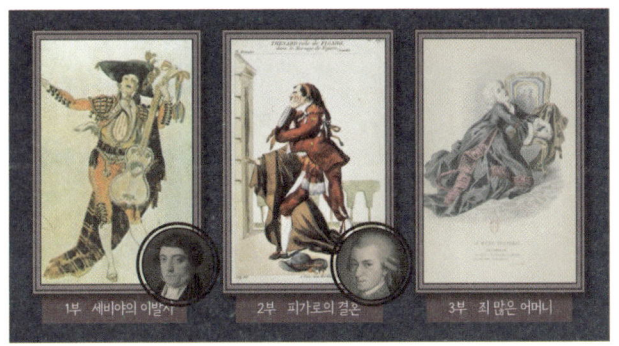

보마르셰 3부작. 로시니는 1부인 〈세비야의 이발사〉로 오페라를 만들었다.

주인공은 사랑을 얻기 위해 이상한 약을 사 먹었는데, 알고 보니 사기를 당해서 그냥 술을 산 거였습니다. 하지만 자기는 그게 사랑의 묘약인 줄 착각해서 벌어지는 일들을 다룬 코미디 오페라입니다. 이 오페라는 〈남몰래 흘리는 눈물 *Una furtiva lagrima*〉이라는 아리아가 유명합니다.

> 남몰래 흘리는 눈물이
> 그녀의 두 눈에 흘렀소
> 저 유쾌한 젊은 여성들을
> 질투하는 듯하오

구슬픈 음악과 가사 때문에 아주 슬픈 곡으로 알고 계신 분들이 많을 텐데, 사실 그렇지 않습니다. 약장수에게 속아 모든 여자가 자기를 좋아하게 된다는 사랑의 묘약을 마신 상황입니다. 그래서 약을 마셨기 때문에 자신이 짝사랑하던 여자도 자신을 좋아하고 있을 거라

가에타노 도니체티

고 착각하죠. '그 여자는 지금 내가 너무 좋아서 뒤에서 부끄러워서 울고 있을 거야'라는 내용의 가사인 겁니다.

약을 먹은 자신은 사실 술에 취한 상태인 겁니다. 부르기 어려운 곡이기 때문에 테너의 노래가 끝나면 마음껏 박수 치면 됩니다.

또 도니체티가 성악가로서의 기교를 과시한 오페라가 하나 있습니다. 〈람메르무어의 루치아 *Lucia di Lammermoor*〉라는 오페라인데, 루치아라는 여자가 주인공입니다. 루치아는 원치 않은 결혼을 했는데, 결국 버티지 못하고 신혼 첫날밤에 신랑을 칼로 찔러 죽입니다. 이때 주인공이 넋이 나간 채로 〈광란의 아리아 *Il dolce suono*〉를 부릅니다.

▶ 광란의 아리아-도니체티

비극 오페라로, 프리마돈나가 빛나는 공연으로 유명하다. 초연 당시 프리마돈나가 이 아리아를 명장면으로 만들며 관객을 압도했다.

성악가가 혼자 스포트라이트를 받으며 노래합니다. 나중에는 플루트와 이중창을 하고, 멜로디가 장조였다가 단조로 바뀌기를 반복합니다. 광란을 묘사한 거죠. 결국 이 여자는 광란의 상태로 사망하게 됩니다. 이 〈광란의 아리아〉는 〈제5원소〉라는 SF 영화에서 등장하기도 했습니다. 파란색 외계인 '디바'가 이 노래를 아주 기괴하게 부르죠.

또 도니제티는 〈연대의 딸 *La fille du régiment*〉이라는 오페라도 썼습니다. 한 군부대에 자기들이 딸처럼 여기는 사람이 있습니다. 이 딸을 좋아하는 남자가 생겼고, 그 남자가 사랑을 바치기 위해 이 연대에 들어오죠. 테너는 아리아 〈아, 나의 친구들이여, 얼마나 축하할 날인가! *Ah! mes amis, quel jour de fête!*〉에서 이렇게 노래합니다.

아, 나의 친구들이여, 얼마나 축하할 날인가!
나는 네 깃발 아래서 행진하리라.
내 고개를 돌리게 한 사랑은
이제 나를 영웅으로 만들리라.

그녀는 나를 살아가게 하는 원동력
그녀는 내 언약에 미소 지으리라.
행복하고 달콤한 꿈은 내 마음을 흔드네.

노래는 신나지만, 노래하는 테너는 진땀을 뻘뻘 흘립니다. 테너로서 불가능에 가까울 정도로 초고음을 계속해서 내야 하거든요. 들어볼까요?

〈연대의 딸〉 포스터

▶ 아, 나의 친구들이여, 얼마나 축하할 날인가!-도니제티

19세기 초 나폴레옹 전쟁을 배경으로 하는 오페라다. 특히 이 아리
아는 높은 C 음을 계속해서 불러야 하기 때문에 고난도의 곡으로
손꼽힌다.

이 노래가 끝나면 저절로 기립박수가 나옵니다. 초고음을 성공하
는 게 너무 어렵기 때문이죠. 이 노래를 불러서 성공한 테너가 바로
루치아노 파바로티_Luciano Pavarotti_입니다. 파바로티조차 말년에는 이
음을 내는 걸 실패했다고 합니다.

벨칸토 오페라의 또 다른 작곡가로 빈첸초 벨리니_Vincenzo Bellini_가

빈첸초 벨리니

있습니다. 로시니와 도니체티는 비교적 장수했지만, 벨리니는 33세에 요절했습니다. 벨칸토 오페라 작곡가들에게서 영향을 받고 도전하고자 했지만, 지병으로 고생하면서 이들이 자신과 경쟁이 안 되는 수준이라는 것을 깨달았죠. 그래서 로시니나 도니체티가 도전하지 않은 장르에서 최고의 오페라를 남겼습니다. 그중 대표작이 〈노르마*Norma*〉입니다.

기원전 50년경, 로마 군대가 갈리아 지방으로 원정을 옵니다. 로마는 이곳의 토착 종교인 드루이드교를 이교도라며 탄압하죠. 그러자 드루이드교는 '로마가 우리를 없애려고 하니, 우리가 먼저 로마를 치자!'라고 주장합니다. 그리고 드루이드교의 여사제에게 신탁을 얻어서 신이 뭐라고 하는지 듣고자 하죠. 이 여사제가 바로 '노르마'입니다.

노르마는 '정결한 여신이여, 우리를 굽어살피소서'라고 노래를 부르며 신에게 제사를 올립니다. 이 노래가 바로 〈정결한 여신 *Casta Diva*〉으로, 전설적인 가수 마리아 칼라스 *Maria Callas*의 대표곡이죠.

▶ **정결한 여신-벨리니**
벨칸토의 정점을 찍은 작품으로 꼽히는 오페라. 주인공 노르마 연기와 노래가 어렵기로 유명하며, 〈정결한 여신〉은 1막에서 등장하는 아리아다.

분위기가 정말 숭고하죠? 노르마는 이렇게 말합니다.

"여신께서는 말씀하십니다. 전쟁을 하면 안 됩니다. 로마가 우리의 적이긴 하지만, 평화를 유지해야 합니다."

그러자 드루이드교 사람들은 이 노래를 들으며 흥분한 마음을 가라앉혔습니다. 그런데 노르마가 전쟁에 반대한 이유가 따로 있었는데요. 노르마는 사실 로마군의 장교와 사랑하는 사이였고, 심지어 자녀까지 숨겨둔 상황이었거든요.

노르마와 친한 부여사제가 어느 날, 노르마에게 이렇게 말했습니다.

"언니, 저 말 못 할 비밀이 있어요. 사실 사랑하는 남자가 있어요."

노르마는 다 들어줄 테니 털어놓으라고 말했죠. 그러자 부여사제는 이렇게 말했습니다.

"사랑하는 남자가 로마군 장군이에요."

알고 보니 노르마와 사랑을 나눈 바로 그 사람이었던 겁니다. 이후 드루이드교 내에서 다시 로마군과 전쟁해야 한다는 목소리가 높아지자, 노르마는 결정하죠.

"평화는 취소입니다. 전쟁입니다."

그리고 이렇게 덧붙였습니다.

"그 전에 처형을 해야 합니다. 우리 중에 배신자가 있습니다. 화형에 처해야 합니다."

사람들은 겁에 질려 웅성대기 시작합니다.

"그 배신자는 바로… 접니다."

노르마는 이렇게 대답하고 불 속에 몸을 던지죠. 그렇게 〈노르마〉는 막을 내립니다.

🎼 오페라의 왕 베르디

이제 벨칸토 시대는 거의 정점으로 가고 있습니다. 벨칸토 오페라를 완성한 사람이 바로 오페라의 왕, 주세페 베르디 *Giuseppe Verdi*입니다. 그의 작품 〈리골레토 *Rigoletto*〉 중 〈여자의 마음 *La donna e mobile*〉, 들어볼까요?

 ▶ **여자의 마음-베르디**

빅토르 위고의 희곡인 〈왕은 즐긴다〉를 바탕으로 한 오페라다. 아리아 〈여자의 마음〉은 오늘날까지도 여러 광고와 방송에서 활용되며 인지도가 매우 높다.

여자란 바람에 날리는 깃털과도 같지
목소리나 마음이 쉽게 바뀐다고

여자의 마음은 깃털과 같아서 잘 흔들리기 때문에, 바람둥이인 나는 어떤 여자도 꼬실 수 있다고 하는 노래입니다. 극 중 악역인 바람둥이가 여자를 유혹하기 전에 이 노래를 부르죠. 이 악당을 죽이기 위해 청부업자를 고용한 광대가 바로 '리골레토'입니다. 나중에 그는 청부업자가 바람둥이를 죽인 게 아니라, 잘못해서 자신의 딸을 죽였다는 것을 알게 됩니다. 리골레토가 오열하면서 오페라는 막을 내립니다.

특히 마지막 장면에서 〈여자의 마음〉 아리아가 다시 흘러나오는 장면이 인상적입니다. 바람둥이를 죽인 줄 알았는데 〈여자의 마음〉

주세페 베르디

이 흘러나오고, 리골레토는 '이 노래는 그 바람둥이가 부른 노래인데, 여기서 죽은 사람은 누구지?'라며 혼란에 빠집니다. 알고 보니 딸인 것을 알게 되면서 비극적으로 끝나죠. 최고의 비극 중 하나라고 할 수 있습니다.

마지막으로 들려드릴 곡은 '베르디' 하면 빼놓을 수 없는 곡, 오페라 〈아이다*Aida*〉의 〈개선행진곡*Triumphal March*〉입니다.

▶ **개선행진곡-베르디**

규모가 큰 오페라 〈아이다〉 중에서도 합창단과 군대, 노예가 등장하는 가장 화려한 장면에서 흘러나오는 곡이다. 이집트 신을 찬양하며 이집트 군대의 승리를 맞이하고 있다.

리골레토 역을 맡은 미하일 슈이스키

트럼펫 솔로가 기가 막히죠? 이집트가 에티오피아와의 전쟁에서 승리하고, 이집트의 장군은 적군의 사람들을 끌고 옵니다. 그리고 전리품이 도착하는 군대 행진 장면에 이 연주곡이 흘러나옵니다. 전 세계 오페라 중 가장 화려한 장면이 바로 이 장면이라고 할 수 있죠. 노래가 나오지 않는 연주곡이지만, 관객들은 크고 화려한 무대 세트를 보며 '그래, 바로 내가 이걸 보려고 여기까지 왔지!'라고 감탄하게 됩니다.

세트는 번쩍이고 아름답지만, 〈아이다〉의 내용은 매우 슬픕니다. 조국의 배신자로 낙인찍힌 이 장군은 결국 누명을 쓰고 돌무덤에 산 채로 들어가게 됩니다. 이 무덤에서 이제 꼼짝없이 죽었다고 생각하던 참에, 자신을 사랑한 여인 아이다가 무덤에 들어옵니다. 아이다는 에티오피아의 공주였지만 이집트로 끌려와 이집트의 장군을 사랑하게 됐죠. 아이다는 장군과 함께 생을 끝내려고 온 겁니다.

〈아이다〉 오페라 포스터

그때, 무덤 한쪽에서 빛이 흘러나옵니다. 아이다와 장군은 희망에 차 이렇게 외치죠.

"잠깐만요. 저기 빛이 새어 나오고 있어요. 무덤이 열리나 봐요."

하지만 그건 환상이었습니다. 그렇게 함께 죽어가며 〈아이다〉는 끝납니다. 너무 슬프다 보니 관객들이 엉엉 울 수밖에 없죠. 여러분도 오페라를 보다가 눈물을 흘릴 수 있는 경험을 꼭 해보면 좋겠습니다.

이번 강에서는 초기 바로크 시대 오페라부터 벨칸토 시대, 베르디의 오페라까지 이야기해 봤습니다. 다음 강의에서는 그 이후에 더 웅장하고 매력적이며 현대화된 오페라에 대해 이야기해 보겠습니다.

7강

오페레타와 베리스모,
그리고
후기 낭만 오페라

이번 강의에서도 오페라 이야기를 해보겠습니다. 이전 강의에서 바로크 시대와 고전주의를 넘어 낭만주의, 벨칸토 시대에 이르는 오페라를 살펴봤죠. 이번 강의에서는 오페라 중에서도 세부적으로 나뉘는 장르에 대해 간단하게 소개하고, 후기 낭만주의 시대 오페라까지 이야기해 보겠습니다.

7강의 PLAYLIST

✦

갈롭 - 오펜바흐

인형의 노래 - 오펜바흐

의상을 입어라 - 레온카발로

그대의 찬 손 - 푸치니

별은 빛나건만 - 푸치니

발키리의 기행 - 바그너

장미 수여의 이중창 - 슈트라우스

영감은 인간의 능력을
불러일으키고 자극하며,
이는 훌륭한 예술적 성취에서 명백해진다.

- 자코모 푸치니

🎼 오페레타와 희극 오페라

오페라도 연극의 일종이기 때문에 그 장르가 명확하게 구분됩니다. 우선 가장 많이 등장하는 장르로 '오페라 세리아*opera seria*'가 있습니다. 진지한 오페라라는 뜻이죠. 사실 대다수의 오페라는 비극이기 때문에 슬프고 규모가 거대합니다.

반면 가볍고 코믹한 오페라 작품도 많은데, '오페레타*operetta*'와 '오페라 부파*opera buffa*', '오페라 코미크*opéra comique*' 등이 있죠. 이런 가벼운 오페라는 3막이나 4막까지 가지 않고 2막 정도에 끝납니다. 주로 독일이나 오스트리아에서 많이 만들었죠.

특히 이탈리아의 '오페라 부파'는 사실 완성된 하나의 작품이 아니었습니다. 너무 진지한 오페라는 보다 보면 힘들기 때문에 막과 막 사이에 쉬는 시간을 길게 주었습니다. 그때 관객들은 나가서 와인을 한 잔 마시기도 하기도 했지만, 가만히 앉아 있는 사람도 있었습니다. 그래서 옛날에는 막과 막 사이에 연극을 또 하나 집어넣었죠. 그런 형식의 연극을 '오페라 부파'라고 불렀습니다. 오페라 부파는 신분을 속이고 귀족을 골탕 먹이는 등 코믹한 내용으로 구성됐고, 길이가 1시간짜리인 작품도 있었습니다. 이것이 점차 발전해 하나의 코미디 오페라 장르가 됐죠.

정리하자면, 전통적이고 진지한 오페라는 그냥 '오페라' 또는 '오페라 세리아'라고 부르고, 코미디 오페라는 장르가 다양한 겁니다. 이렇게 가벼운 오페라는 우리가 입문하기도 좋죠.

지난 강의에서 제가 처음으로 마주하는 오페라가 중요하다고 말씀

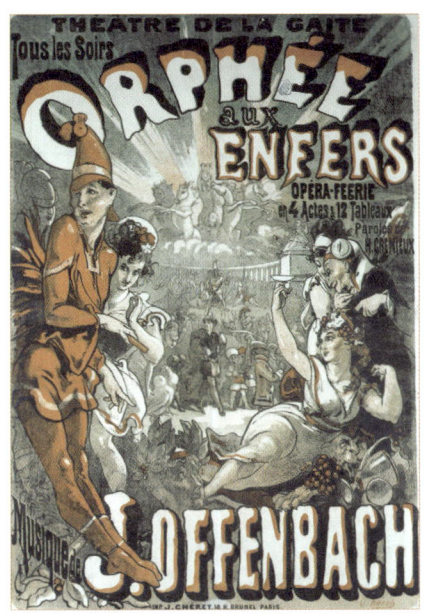

〈지옥의 오르페〉 포스터

드렸죠? 여러분이 오페라에 흥미를 가질 수 있을 법한 오페라를 소개하겠습니다. 바로 〈지옥의 오르페 *Orphée aux enfers*〉입니다.

오르페우스 신화를 아시나요? 그리스신화에 나오는 인물인 오르페우스와 에우리디케의 이야기입니다. 부인 에우리디케가 지옥으로 끌려가자, 남편이자 음악가인 오르페우스가 부인을 구하러 갑니다. 악기를 연주해 지옥의 온갖 악마를 잠재우고, 가까스로 에우리디케를 지옥에서 데리고 나올 수 있게 됐습니다. 하지만 한 가지 조건이 있었습니다. 절대 뒤를 돌아보지 말라는 거였죠.

이 이야기는 오페라 작곡가들이 굉장히 좋아했습니다. 음악가에

자크 오펜바흐

대한 이야기니 얼마나 낭만적입니까? 그런데 자크 오펜바흐*Jacques Offenbach*라는 작곡가가 이 신화를 아주 재미있게 패러디했습니다. 우선 유명한 음악가의 부인이 지옥의 신에게 납치돼 지옥에 끌려간 것까지는 기존 이야기와 동일합니다. 이후 음악가는 어떻게 행동했을까요? 부인이 사라졌다며 좋아합니다. 드디어 자유인 거죠. 그런데 문제는 이 음악가가 너무 유명하다 보니, 부인이 죽었는데 지옥으로 구하러 가지 않으면 여론이 좋아지지 않는다는 거였습니다. 여론이 안 좋아지자 그제야 부인을 구하러 갑니다. 현대식 코미디 같지 않나요?

▶ 갈롭-오펜바흐

그리스신화와 달리 〈지옥의 오르페〉 속 오르페우스는 시골의 선생님이다. 오르페우스가 아내를 찾아 지옥에 도착했을 때, 지옥의 신 플루토가 광란의 연회를 여는 장면에서 흘러나오는 곡이다.

〈지옥의 오르페〉 중 〈갈롭_Galop infernal_〉입니다. 음악을 듣다 보면 많이 들어본 멜로디가 나오는데, '캉캉'으로 잘 알려져 있죠. 사실 캉캉은 춤의 장르이기 때문에 어떤 음악으로도 출 수 있지만, 이 곡이 워낙 유명해진 바람에 이 곡에 꼭 캉캉 춤을 추게 된 겁니다.

저는 〈지옥의 오르페〉를 여러분이 첫 번째로 볼 만한 오페라로 추천드립니다. '아, 오페라가 이렇게 재미있구나!'라고 깨달으면 그다음에 조금 지루한 작품이라도 잘 볼 수 있게 됩니다. 저는 많은 경험을 한 사람일수록, 즉 머릿속에 지식이 많을수록 까칠해지는 게 아니라 관대해진다고 생각합니다. 작곡가가 어떤 노력을 해서 이런 작품을 만들어냈는지 보이기 때문이죠.

오펜바흐는 코미디 오페라만 쓴 건 아닙니다. 흥행하긴 했지만 어떤 사람들은 음악적으로 진지하지 않다며 비난하기도 했거든요. 그러자 오펜바흐는 '야, 나도 진지한 음악 쓸 수 있어!'라고 생각하며 자전적인 이야기를 쓰기 시작합니다. 바로 오페라 〈호프만의 이야기 _Les contes d'Hoffmann_〉입니다.

실제로 모차르트 시대에 E. T. A. 호프만_Ernst Theodor Amadeus Hoffmann_이라는 작가이자 작곡가가 있었습니다. 그는 환상적인 문학 작품을 많이 썼는데, 대표적인 작품이 바로 〈호두까기 인형〉입니다. 호프만은 짧은 소설을 많이 남겼기 때문에 오펜바흐는 이 이야기를 한데 묶은 오페라를 만들게 됩니다. 내용이 진지하면서 기괴하고, 현대적이기도 합니다. 기계로 만든 인형이 살아나서 노래를 부르는데, 이를 보던 사람이 인형이 사람인 줄 알고 반해버리는 장면이 나옵니다. 〈인형의 노래 _Les oiseaux dans la charmille_〉, 들어볼까요?

E. T. A. 호프만

▶ **인형의 노래-오펜바흐**

과학자 스팔란차니가 인형을 데리고 나와 손님들에게 자랑하는 장면에서 인형이 부르는 노래다. 초고음과 복잡한 기교가 두드러지는 곡이다.

　과학자가 만든 인형인 올림피아의 노래입니다. 소프라노가 고음을 오르락내리락하며 기교를 부립니다. 보통 콜로라투라 소프라노가 부르죠. 재미있는 건, 성악가가 이 노래를 하던 중 등에 달린 태엽이 멈추고, 노래도 멈춘다는 겁니다. 그러다가 누군가 이 태엽을 다시 감으면 다시 노래하죠. 아주 명장면입니다.

♪ 베리스모 오페라

한편 이탈리아에서는 조금 다른 운동이 일어나고 있었습니다. 그 전까지는 전통적인 오페라의 소재에 불만을 가진 사람들이 많았습니다. 대부분 신화 이야기나 왕족의 이야기, 역사적 전쟁 이야기가 많았거든요. 그런데 몇몇 작곡가들이 각성하기 시작했습니다.

'왜 오페라를 꼭 그런 내용으로만 만들어야 해? 일상생활에도 드라마틱한 이야기가 많잖아. 불륜, 치정, 살인 같은 극적인 사건 말이야.'

생활에서 일어나는 일을 소재로 만들어보자는 운동이 부흥했는데, 이를 '베리스모*verismo*', 즉 현실주의 오페라라고 합니다. 이 오페라를 본 관객들의 반응은 뜨거웠죠. 또 당시 악보 출판사에서 오페라 공모전을 주최하곤 했는데, 공모전에서 베리스모 오페라 걸작이 등장했죠. 피에트로 마스카니*Pietro Mascagni*라는 작곡가의 〈카발레리아 루스티카나*Cavalleria rusticana*〉였습니다. 번역하면 '시골 군인'이라는 뜻입니다.

주인공은 남자친구가 바람피우고 있다는 걸 알아버립니다. 그 남자친구는 제대한 지 얼마 안 된 시골 군인이었고, 계속 옛날 여자친구를 만나러 갔죠. 주인공은 화가 나서 이 사실을 옛날 여자친구의 남편에게 일러버렸습니다. 그러자 그 남편은 충격을 받곤 "내가 그놈을 죽여버리겠다!"라며 무기를 들고 나가버립니다. 주인공의 남자친

피에트로 마스카니

구가 죽게 생겼으니, 순간 주인공은 후회하죠. 이때 이 음악이 흘러 나옵니다. 음악은 매우 아름다운데, 내용은 슬프죠.

또 유명한 베리스모 오페라로는 루제로 레온카발로 *Ruggero Leon-cavallo*라는 작곡가의 〈팔리아치 *Pagliacci*〉가 있습니다. 연극 유랑극단을 하는 광대가 등장하는데, 무대에 올라가기 직전 그의 부인이 바람을 피운다는 걸 알아버립니다. 방금 부인이 어떤 남자와 함께 있다가 남자가 휙 도망가 버렸거든요. 광대는 너무 화가 나서 부인에게 "야, 그 남자 누구야!"라며 소리치죠. 그런데 당장 코미디 연극 무대에 올라가야 합니다. 관객들이 연극을 보기 위해 기다리고 있죠. 부인의 바람을 알아버렸지만 광대로서 관객을 웃겨야 하는 비극적인 상황입니다.

이때 〈의상을 입어라 *Vesti la giubba*〉라는 슬픈 아리아가 등장합니다.

루제로 레온카발로

▶ 의상을 입어라-레온카발로

레온카발로가 성공을 거둔 유일한 오페라로, '팔리아치'는 '광대들'
이라는 뜻이다. 실화를 각색한 내용이라고 소개하고 있으며, 〈의상
을 입어라〉에서 테너의 비통한 연기가 돋보인다.

연극인가! 나의 마음은 애달파
대사와 연기를 모두 잊었네!
그러나 연극은 해야지.
아! 이게 사람인가?
하하하하! 그댄 어릿광대!

의상을 입고, 또 분장을 해라.
저 사람들을 즐겁게 웃겨라.
네 사랑이 널 두고 도망쳐도
웃자 어릿광대야... 모두 즐거워한다!

〈팔리아치〉 포스터

   성악가가 이 노래를 부를 때 관객들이 눈물을 쏟을 정도로 처절하
게 연기합니다.

   그래서 이 광대는 어떻게 됐냐고요? 무대에 일단 올라갑니다. 그
의 부인도 연극 배우이기 때문에 함께 올라가죠. 이제 부인과 아무
렇지 않은 척 연극을 해야 하는데, 하필 연극 내용이 자신이 처한 상
황과 똑같은 겁니다. 부인이 바람을 피우고 있고, 자신은 그 사실을
모르고, 모두가 자신을 놀리고 있는 상황이죠. 무대 위에서 가상과
현실을 혼동한 광대는 결국 부인을 칼로 찌르고 맙니다. 막이 내려
가기 직전, 광대는 "이제 연극은 끝났습니다"라는 유명한 대사를 남
깁니다.

♪ 푸치니의 후기 낭만 오페라

그런데 푸치니도 베리스모 오페라를 썼다는 걸 아시나요? 그는 여러 장르의 작품을 썼지만, 매우 현실적인 내용을 다루는 작품도 있었습니다. 그중 〈라 보엠 *La Bohème*〉이라는 잔잔한 오페라가 있습니다. 치정이나 살인을 다루지는 않지만, 젊은 예술가들의 이야기를 그리죠. 요즘의 '음대생' '미대생' 같은 인물들이 주인공입니다. 예술가들은 하숙비가 없어서 함께 방에 모여 사는데, 여기서 사랑이 꽃피는 이야기입니다.

옆방에 하숙하는 여학생이 방에 불이 꺼졌다며 불을 얻으러 남학생의 방에 들어옵니다. 그런데 여학생은 남학생과 눈이 마주치자마자 반해버리고 맙니다. 게다가 자기 방문을 잠그고 온 그녀가 남학생의 방에서 열쇠를 떨어뜨린 탓에 다시 방으로 돌아가지 못하는 상황이죠.

여학생이 남학생에게 이렇게 부탁합니다.

"제가 열쇠를 여기에 떨어뜨렸나 봐요. 좀 찾아주세요."

그런데 사실 남학생은 열쇠를 먼저 찾은 뒤 주머니에 넣어두었습니다. 남학생은 시치미를 떼고 열쇠를 함께 찾는 척하죠. 바닥을 더듬거리던 두 사람의 손이 맞닿습니다. 그런데 여학생의 손이 무척 차죠. 이때 〈그대의 찬 손 *Che gelida manina*〉이라는 아리아가 흘러나옵니다.

〈라 보엠〉 포스터

▶ 그대의 찬 손-푸치니

보헤미안 예술가들의 이야기를 다룬 오페라로, 전 세계에서 자주 공연되는 푸치니의 작품 중 하나다. 〈그대의 찬 손〉은 1막의 낡은 다락방을 배경으로 하는 아리아다.

그대의 찬 손

따뜻하게 녹여 드릴게요.

무엇을 찾나요?

어두워서 찾을 수 없어요.

하지만 다행히 달은 밝은 밤이네요.

달빛이 우리 옆에 있어요.

간질간질한 청춘 로맨스죠? 청춘의 연애담도 베리스모 오페라의 소재가 되곤 했습니다.

물론 푸치니는 정말 극적인 오페라도 만들었습니다. 〈토스카 *Tosca*〉라는 오페라인데, '토스카'는 여성 소프라노 성악가의 이름입니다. 오페라의 주인공이 오페라 가수라니, 범상치 않습니다. 토스카는 평생 노래하며 살아왔는데, 남자친구가 억울하게 감옥에 갇히고 말았습니다. 정치범을 숨겨줬다는 이유로 오늘 처형당할 위기에 처하죠. 그래서 토스카는 남자친구를 구하기 위해 탄원하러 갑니다.

그런데 〈춘향전〉의 변 사또 같은 남자가 등장합니다. 오늘날의 경찰서장쯤 되는 직업의 이 남자는 남몰래 토스카를 좋아하고 있었는데, 기회가 왔다고 생각하죠.

"남자친구를 살리고 싶으면, 오늘 나와 하룻밤을 보내야 한다."

이 말을 들은 토스카는 괴로워하며 〈노래에 살고 사랑에 살고 *Vissi d'arte, vissi d'amore*〉라는 아리아를 부릅니다. 평생 노래에 살고 누구에게도 해를 끼치지 않았는데, 왜 신은 이렇게 부당한 갈등을 부여하는지 처절하게 노래하죠. 애절하고 가냘프면서도 강렬하게 불러야 하는 아리아입니다.

남자친구를 살리려면 남자친구를 배반해야 하는 상황에서 토스카는 어떻게 했을까요? 토스카는 이렇게 묻습니다.

"좋아요. 제가 오늘 당신과 하룻밤을 보낸다면, 당신이 내 남자친구를 살려준다는 보장을 어떻게 할 겁니까?"

경찰서장은 이렇게 대답합니다.

"좋다. 어이, 부하! 오늘 총살하기로 한 죄수 있지? 처형하는 척만 하고 살려놔."

그러니까 총에 총알을 뺀 채 쏘라는 지시를 한 겁니다.

"자, 이제 당신의 남자친구는 죽지 않는다. 이제 하룻밤을 같이 보내지."

그 순간, 토스카가 칼을 꺼내 경찰서장을 찌릅니다.

"내 남자친구는 살았지만, 나는 내 남자친구를 배신하지 않겠습니다."

한편 토스카의 남자친구는 처형당하기 전, 철창 밖의 별을 바라보며 처절한 노래를 부릅니다. 〈별은 빛나건만 *E lucevan le stelle*〉, 들어보겠습니다.

▶ **별은 빛나건만-푸치니**

1800년 나폴레옹이 이탈리아를 침공하면서 로마가 위협받는 상황을 배경으로 한 오페라다. 처형 한 시간 전, 토스카의 연인이 토스카에게 편지를 쓰며 부르는 아리아다.

그 시간은 달아나 버리고
이렇게 무참히 절망 속에서 죽어가네
절망 속에서 죽네
이토록 삶을 사랑한 적이 없다네

토스카는 경찰서장을 죽인 뒤 남자친구를 구하러 옵니다. 도착했을 때 처형이 끝난 뒤였죠. 그런데 죽이는 척만 할 줄 알았던 처형은 실제로 집행되고 말았습니다. 경찰서장이 거짓말을 한 거였죠. 토스카는 남자친구가 죽은 것을 보고 오열하면서 쫓아오는 군인을 피해 성벽으로 올라갑니다. 그리고 그곳에서 뛰어내리죠. 오페라 〈토스카〉는 그렇게 끝납니다.

푸치니의 후기 작품 중에서 음악을 들으면 바로 알아채는 작품이 있습니다. 오페라 〈잔니 스키키Gianni Schicchi〉 중 〈오, 사랑하는 나의 아버지O mio babbino caro〉인데, 광고에서 자주 활용되는 곡이죠. 이 오페라는 짧은 단막극 3개를 모아둔 작품인 〈일 트리티코Il Trittico〉 중 마지막 극입니다. 첫 번째 작품은 〈외투〉라는 공포 오페라, 두 번째는 〈수녀 안젤리카〉라는 슬픈 이야기, 마지막 〈잔니 스키키〉는 코미디입니다. 두 사람이 결혼을 하려고 하는데, 집안 사이가 매우 안 좋습니다. 그런데 신랑 집안에서 유산 상속 문제가 생기자, 결국 신부의 아버지인 잔니 스키키에게 해결해 달라고 부탁합니다. 하지만 잔니 스키키는 신랑 집안이 나쁘다며 도와주지 않죠. 신부는 이렇게 말합니다.

"아빠, 저쪽 집안 남자와 결혼하고 싶다고요. 만약 아빠가 도와주지 않아 결혼을 하지 못하게 되면 당장 강물에 뛰어들 거예요."

재미있는 건, 멜로디도 좋고 제목도 좋으니 결혼식장에서 성악가 신부가 이 노래를 부르는 경우가 많다는 겁니다. 아버지를 협박하는 내용의 가사지만 정작 신부의 아버지는 가사를 알아듣지 못할 테니 괜찮습니다.

리하르트 바그너

🎼 독일 후기 낭만 오페라

이제 거대한 오페라를 만든 독일 작곡가, 리하르트 바그너*Richard Wagner*에 대한 이야기를 해보겠습니다. 바그너의 오페라 음악은 후기로 갈수록 거대해졌습니다. 그전 오페라들은 중간에 레치타티보로 연결된 여러 아리아로 구성되어 있었습니다. 그런데 바그너의 후기 음악에서는 공연 3시간 내내 한 번도 쉬지 않는 작품이 나왔습니다. 오케스트라도, 노래도 쉬지 않고 3시간이라니, 어마어마하죠?

바그너의 대표작으로는 〈니벨룽의 반지*Der Ring des Nibelungen*〉가 있습니다. 반지를 끼면 절대적인 힘을 받는다는 내용의 〈반지의 제왕〉, 잘 아시죠? 〈반지의 제왕〉과 〈니벨룽의 반지〉는 북유럽 신화를 바탕으로 한 작품이기 때문에 내용이 비슷합니다.

바그너는 오페라를 4부작으로 만들었습니다. 프롤로그와 3부로 이

〈발키리〉, 피터 아르보

루어져 있죠. 그런데 프롤로그인 〈라인의 황금 *Das Rheingold*〉이라는 작품만 3시간짜리입니다. 네 번째 작품까지 합하면 종합 15시간짜리 오페라라고 할 수 있습니다. 심지어 26년 동안 작곡했기 때문에 후반부로 갈수록 음악이 어려워졌습니다. 두 번째 작품인 〈발키리 *Die Walküre*〉에는 〈발키리의 기행 *Walkürenritt*〉이라는 아주 유명한 곡이 있는데, 한번 들어볼까요?

▶ 발키리의 기행-바그너

금관악기 소리가 두드러지는 음악이다. 전장에서 죽은 영웅의 영혼을 실어 나르는 북유럽 신화 속 여신을 표현했다.

전쟁터를 날아다니며 싸우는 여신 발키리의 용맹함을 보여주는 곡입니다. 바그너는 반유대주의 작곡가였기 때문에 아돌프 히틀러*Adolf Hitler*가 매우 좋아했다고 합니다. 나치 전당대회에서도 바그너의 음악이 흘러나왔죠. 〈작전명 발키리〉라는 영화에서는 히틀러가 축음기로 바그너의 음악을 듣는 장면도 나옵니다. 영화 〈지옥의 묵시록〉에서 헬기들이 융단폭격을 하는 잔인한 장면에서도 활용됐죠.

이런 바그너의 영향을 받아, 후기 낭만주의 오페라는 점점 거대해지는 양상을 띠었습니다. 작곡가 리하르트 슈트라우스는 과거 빈에 사는 귀족들의 사교적인 문화를 풍자하는 〈장미의 기사*Der Rosenkavalier*〉라는 아름다운 오페라를 만들었습니다. 제목만 보면 적과 싸우는 기사의 모습이 연상되겠지만, 사실 내용은 그렇지 않습니다.

〈장미의 기사〉에서 한 남자가 여자에게 은으로 된 장미를 건넵니다. 신부에게 청혼할 때 신랑이 직접 신부의 얼굴을 보기 전에 전령을 보내는데, 이때 조화 장미를 보내곤 했죠. 그러면 신부는 꽃을 받고 결혼하겠다는 답신을 보내는 문화가 있었습니다. 문제는 신부가 그 조화를 가져다주는 젊은 남자에게 반해버린 겁니다. 얼마나 난처

리하르트 슈트라우스

할까요?

꽃을 전달하는 남자와 신부 두 사람이 이중창을 부르는 장면은 매우 아름답습니다. 한번 들어볼까요?

 ▶ **장미 수여의 이중창-슈트라우스**

마리아 테레지아 여왕 시절 빈을 배경으로 한 오페라로, 초연 이후 대성공을 거두어 독일의 대표 오페라로 자리 잡았다. 이 이중창은 젊고 앳된 남자 역할을 여성 메조소프라노가 부르도록 했다.

향기가 너무 좋군요.

정말 살아있는 꽃과 같아요.

그래요, 페르시아의 장미유 한 방울을 떨어뜨렸답니다.

이 세상이 아닌 하늘나라와 같아요.

성스러운 낙원에서 가져온 장미 같아요.

　이 작품을 계기로 다시 오페라의 전성기가 왔다는 평가를 받을 정도로 멋진 작품입니다. 그 이후부터는 현대음악 시대로 접어들면서 오페라의 편성과 개수도 줄어들었죠.

　여러분, 지난 강의에 이어 이번 강의에서도 오페라 이야기를 자세하게 들려드렸는데요. 살면서 오페라를 한 번 밖에 본 적이 없는 분들도 많을 겁니다. 중요한 건 '음악은 내가 즐겁기 위해 듣는다는 것'입니다. 오페라 마니아가 되기 위해서나, 어디 가서 아는 체하려고 음악을 듣는 사람들은 거의 없으니까요. 클래식이 대중화되기 위해서는 클래식의 새로운 장르에 도전하고, 마음에 드는 장르를 찾아가고, 음악의 즐거움을 주변 사람들과 나누는 데 있습니다.

　여러분도 오페라의 매력에 빠지기까지 늦지 않았습니다. 이제부터 도전해 보는 건 어떨까요?

8강

공연장과 관객

- 아름다운 교감의 시간

음악을 좋아하는 분들은 여러 경로를 통해 음악을 경험합니다. 가장 쉬운 방법은 휴대전화를 이용하는 겁니다. 옛날에는 CD, LP 등 음반을 구입해 음악을 듣기도 했습니다.

그런데 왜 굳이 공연장에 가야 하냐고요? 나 혼자 음악을 듣는 것과, 공연장에 가서 많은 관객과 공연을 체험하는 건 완전히 다른 경험이기 때문입니다. 수준급 연주자가 큰 공간에서 연주하는 것을 감상해 본 적 있는 분들이라면 이 경험을 평생 잊지 못할 겁니다. 연주자의 소리가 커다란 공연장 공기를 통해 나에게 오는 순간 숨이 막힐 정도거든요.

이번 강의에서는 여러분이 직접 해외 공연장까지도 찾아가고 싶도록 만들어드리겠습니다.

8강의 PLAYLIST

✦

어떤 개인 날 - 푸치니

봄의 제전 - 스트라빈스키

〈방황하는 네덜란드인〉 서곡 - 바그너

아름답고 푸른 도나우강 - 슈트라우스

감상하기 위해서는 노력이 필요하고,
그저 듣는 것은 아무 의미가 없다.
오리도 소리를 들을 수 있다.

- 이고르 스트라빈스키

♪ 이탈리아의 공연장

먼저 이탈리아 밀라노에 있는 라 스칼라 극장Teatro alla Scala으로 떠나봅시다. 이탈리아는 도시마다 오페라 극장이 많은 것으로 유명한데, 그중에서도 오페라의 성지라고 불리는 밀라노에는 라 스칼라 극장이 있습니다. 정명훈 지휘자가 음악감독으로 선임된 극장으로 유명하죠.

이 극장에 처음 방문하려는 사람들은 충격을 받을 수밖에 없습니다. 찾기가 힘들거든요. 두오모 성당 안쪽 골목에 있다고 하지만 여기가 어딘지 알 수 없어서 헤매기 무척 쉽습니다. 행인에게 "라 스칼라 극장이 어디예요?"라고 물어보면 "지금 극장 앞에 서 계시잖아요."이라는 답변이 돌아옵니다. 내 뒤에 있는데도 모를 정도로 외관이 화려하지 않기 때문이죠. 이는 극장 내부를 화려하게 만들어 대비를 주기 위해서였다고 합니다.

극장 안에 들어가면 화려한 인테리어를 감상할 수 있습니다. 특히 처음 방문하는 분들은 인테리어뿐만 아니라 무대에 올라오는 화려한 배우들을 보며 감탄합니다.

왜 라 스칼라 극장이 오페라의 성지가 됐을까요? 먼저 작곡가 베르디가 라 스칼라 극장에서 많은 오페라를 초연했습니다. 그러다 보니 대중적인 오페라가 이곳에서 많이 만들어지기 시작했죠. 물론 이 극장만의 장점도 있습니다. 바로 거의 완벽한 수준의 뛰어난 음향을 자랑한다는 거죠.

라 스칼라 극장

베르디는 라 스칼라 극장에서 큰 성공을 거두었지만, 푸치니는 이 극장에 딱 한 개의 작품만 올릴 수 있었습니다. 바로 〈나비 부인 *Madama Butterfly*〉인데요. 미국 군대가 일본에 주둔해 있는데, 장교 한 명이 일본 기생인 게이샤 초초와 연애를 시작하고, 아이를 낳게 됩니다. 그런데 본국에서 송환 명령이 떨어지자, 곧 돌아오겠다며 미국으로 돌아갑니다. 하지만 게이샤가 아무리 기다려도 장교는 오지 않습니다. 주변 사람들은 장교를 그냥 잊어버리고 살라고 이야기하죠.

하지만 '나비'라는 별명을 가지고 있던 초초는 "아니에요, 남편 돌아온다니까요?"라며 하염없이 기다립니다. 그런데 정말로 남편이 돌아옵니다. 그런데 파란 눈의 본처와 함께였죠. 이들은 아이를 낳지 못했다며, 초초의 아이를 뺏어가려고 합니다. 초초는 이들에게 "저에게 잠시 시간을 주세요"라고 말하고, 방에 들어갑니다. 혼자 마지막 노래를 부르고, 붉은 리본을 풀어헤친 뒤 자결합니다. 이 오페라를 보고 있으면 정말 엉엉 울게 됩니다. 오페라를 보면서 우는 게 가능한가 미심쩍은 분은 꼭 한번 감상해 보길 바랍니다.

〈나비 부인〉은 라 스칼라 극장에 유일하게 올라간 푸치니의 오페라였는데, 큰 성공을 거두지 못했습니다. 당시 사람들이 별로 좋아하지 않았거든요. 푸치니는 화가 나서 다시는 라 스칼라 극장에서 공연하지 않겠다고 다짐했죠. 〈나비부인〉은 그로부터 3개월 뒤 브레시아 재연에서 큰 성공을 거뒀습니다. 푸치니의 〈나비 부인〉 중 〈어떤 개인 날 *Un bel di vedremo*〉, 들어볼까요?

▶ **어떤 개인 날-푸치니**

1904년 일본 나가사키를 배경으로 한 오페라로, 이 아리아는 초초가 날씨가 갠 날 남편이 돌아올 거라고 노래하는 아리아다.

남편은 말해 주겠지
어여쁜 부인이여,
오렌지 꽃봉오리 같은 여인이여,
결국 돌아와 날 불러 줄 거야

모두 그렇게 될 거야, 내가 그것은 약속하지
걱정은 하지 말아라
그분을 분명히 믿으며 기다리고 있으니까

라 페니체 극장

초초가 남편과 다시 만날 날을 그리며 부르는 아리아입니다. 어떤 봄날, 날씨가 활짝 갠 날에 남편이 돌아올 거라고 노래하죠. 이 아리아가 활용된 애니메이션도 있습니다. 〈메모리즈〉라는 단편 애니메이션에서 〈나비 부인〉을 연기한 성악가가 자신의 영혼을 기계에 담아놓고, 이것이 나중에 우주에서 발견되면서 공포 분위기를 조성합니다. 성악가는 홀로그램 형태로 나타나 이 노래를 계속해서 부르고, 마지막에 이 홀로그램을 발견한 사람들은 모두 파멸에 이르게 되죠.

이번에는 이탈리아 베네치아로 가봅시다. '라 페니체*Teatro La Fenice*'라는 오페라하우스는 화려한 것으로도 유명하지만 화재가 잘 나기로 유명하기도 합니다. '라 페니체'는 '불사조'라는 뜻을 가지고 있는데, 죽지 않는 새이지만 항상 불타고 있다는 점에서 이름을 잘못 지은 게 아닌가 싶기도 하죠. 1996년에 세 번째로 화재가 났을 때 건물이 전부 타버렸고, 지금의 라 페니체 극장은 똑같이 재건한 건물입니다. 이 극장은 베르디가 〈리골레토〉를 초연한 곳으로 유명합니다. 이전 강의에서 〈여자의 마음〉 아리아를 소개해 드렸는데, 유명한 바리톤의 아리아인 〈가신들, 이 천벌을 받을 놈들아 *Cortigiani, vil razza dannata*〉도 들어보는 걸 추천합니다.

광대 리골레토가 바람둥이 공작에게 딸을 빼앗기고 복수를 꿈꾸고 있습니다. 리골레토는 자기가 모시고 있는 나쁜 귀족과 그 부하들이 자기 딸을 납치해 갔죠. 배신감과 분노에 치를 떨며 "이 저주받은 가신 같은 종족들아! 너희들을 가만두지 않겠다"라고 부르는 노래입니다. 하지만 뒷부분에서는 "아니야, 내가 이렇게 하면 안 되지. 내 딸을 구하기 위해서는 내가 숙여야 해"라며 애원하는 자세로 변하죠. 바리톤의 처절한 연기가 돋보이는 곡입니다.

오페라 가르니에 극장

🎼 프랑스의 공연장

이번에는 프랑스 파리로 가보겠습니다. 파리 한가운데에는 '오페라 가르니에 *Opéra Garnier*'라는 유명한 오페라하우스가 있습니다. 이곳은 제가 가본 오페라하우스 중 가장 화려합니다. '베르사유궁전같이 화려하다'고 느낄 정도죠. 뮤지컬 〈오페라의 유령 *The Phantom of the Opera*〉의 배경이 되는 오페라하우스가 바로 이곳이기도 합니다.

제가 오페라 가르니에에서 본 오페라 중 리하르트 슈트라우스의 〈카프리치오 *Capriccio*〉가 있습니다. 오페라에 대한 내용을 다루는 오페라인데, 성악가들이 오페라에서 음악이 중요한지, 대본이 중요한지를 가지고 토론하는 내용입니다. 오페라 팬들은 이 오페라를 무척 좋아합니다.

놀랍게도 이 오페라의 서곡은 오케스트라가 아니라 현악 6중주가 연주합니다. 실내악단이 무대 위에 등장해 연주하죠. 이전에는 무대 밑의 오케스트라에서 수석들이 이 음악을 연주했습니다. 그런데 이

상제리제 극장

오페라를 현대적으로 재해석하면서 이 서곡을 이왕이면 무대 위에서 연주해 보자는 아이디어가 생기죠. 이때 성악가들은 객석에 앉아 우리와 함께 관객이 됩니다. 저는 굉장히 좋은 해석이라고 생각합니다.

파리에는 '샹제리제 극장 *Théâtre des Champs-Élysées*'도 있습니다. 이 곳은 고풍스럽고 화려하기보다 소박하고 예술적인 분위기가 느껴지죠. 예술 사조인 '아르누보'가 유행하던 시대의 건축물이기 때문입니다.

이 극장에 가면 그 극장에서 일어난 유명한 사건을 기억하면 됩니다. 이고르 스트라빈스키라는 현대음악 작곡가가 발레 음악을 들고

〈봄의 제전〉 공연 장면

러시아 발레단과 함께 파리를 순회한 적이 있었는데요. 무대 위에서는 발레 공연이 펼쳐지고, 밑에서는 오케스트라가 〈봄의 제전 *Le Sacre du printemps*〉이라는 곡을 연주했습니다. 그런데 관객들 사이에서 난리가 났습니다. 왜일까요? 음악부터 들어보시죠.

▶ 봄의 제전-스트라빈스키

고대 러시아를 배경으로 한 발레 음악이다. 사람들이 봄이 찾아온 기쁨으로 춤을 추고, 희생자를 제물로 바치는 의식을 치르는 내용이다.

리듬이 매우 강렬하고 기괴한 분위기까지 풍깁니다. 게다가 당시 안무가 바츨라프 니진스키는 이 기괴한 음악에 맞춰 발레 안무도 독특하게 짰죠. 원시 부족이 제사를 지내는 내용인 데다가 춤도 이상하게 추니, 관객들이 막 웃기 시작했습니다. 그러자 옆에 있던 관객이 이렇게 핀잔을 줬습니다.

"아니, 예술 작품에 웃지 좀 마세요!"

그러자 싸움이 벌어졌죠.

"뭐, 당신은 이 작품이 지금 이해가 가서 그러십니까?"

"난 이해가 잘만 가는구만."

결국 누군가 주먹을 쓰기 시작하면서 폭동이 일어났습니다. 나중에는 온갖 사람들이 다 싸우기 시작했죠. 잠시 후 경찰까지 등장했습니다. 이제 공연장이 너무 소란스러워졌으니 공연하기 어려워졌습니다. 특히 곡 마지막 부분은 리듬이 매우 불규칙해서 안 그래도 연주하고 춤추기 어려운데 소란스럽기까지 하니, 난장판이 됐습니다. 누군가 사람들을 진정시키기 위해 기계 장치로 조명을 껐다 켰다 반복하기도 했는데, 오히려 더 난장판이 되고 말았습니다. 그렇게 샹제리제 극장에서 일어난 사건은 신문에 대서특필되기까지 했습니다.

이 일화를 기억하고 우리가 그 극장에 들어가면 감회가 남다르겠죠? 마침 정말 운이 좋게 〈봄의 제전〉을 공연한다면 당시 상황이 얼마나 난리법석이었을지 상상하면서 감상하는 것도 좋겠습니다.

젬퍼 오퍼 극장

🎼 독일, 체코, 영국, 오스트리아의 공연장

이번에는 최고의 극장 자리에 도전했던 곳으로 가보겠습니다. 독일 드레스덴에는 '젬퍼 오퍼*Semperoper*'라는 극장이 있습니다. 유명한 건축가 고트프리트 젬퍼*Gottfried Semper*가 만들었는데, 이 극장도 기둥이 전부 대리석으로 되어 있는 등 화려하기로 유명합니다. 큰 건물에 들어갔을 때 압도당하는 느낌을 바로 이곳에서 받을 수 있죠.

젬퍼 오퍼에서는 바그너의 작품을 보는 게 좋습니다. 바그너의 〈방황하는 네덜란드인*Der fliegende Holländer*〉은 바다의 전설을 소재로 한 오페라입니다. 영화 〈캐리비안의 해적〉, 보셨나요? 2편에서 악명 높은 유령선이 나타나는데, 바다와 관련된 유명한 전설과 관련되어 있습니다.

한 네덜란드인 선장이 항해를 너무 잘하다 보니, 자만에 차서 선언합니다.

"나보다 항해를 잘하는 사람은 없어. 그러니까 나는 아무도 도달하지 못한 바다의 끝에 도전할 거야."

이 말을 들은 바다의 신은 분노했습니다.

"인간 주제에 감히 신에게 도전해? 그래, 네가 그렇게 좋아하는 항해를 평생 해 봐라."

신은 선장에게 저주를 걸었고, 결국 선장은 죽지 못하고 끝없이 항해하고 맙니다. 그 선장은 일정 기간이 지나면 잠시 육지에 올라올 수 있고, 그 육지에서 사랑하는 여자를 만나지 못하면 바다로 다시 돌아갈 수밖에 없는 비극적인 전설이죠.

바그너의 〈방황하는 네덜란드인〉 맨 처음에 나오는 서곡을 한번 들어봅시다.

▶ 〈방황하는 네덜란드인〉 서곡 - 바그너

폭풍우가 몰아치는 격정적인 바다를 묘사했다. 바그너는 런던으로 향하는 항해에서 바다 위 저주받은 운명에 대한 영감을 받았다.

금관악기가 멋있는 소리를 내죠? 웅장한 음악으로는 바그너를 따라갈 작곡가가 없을 정도입니다. 어느 정도냐면, 관악기 연주자 중에서는 이 음악을 연주한 뒤 쓰러져서 종종 병원에 실려가기도 한다고 합니다. 그만큼 웅장한 곡이라 당시 바그너를 싫어하던 사람들은 "시끄러워서 못 듣겠다"는 평가를 남기기도 했죠.

체코 프라하로 가보겠습니다. 이곳에는 국립극장 *Národní divadlo*도 있고, 체코의 민족적 정기를 살리기 위해 국민들이 돈을 모아 만든 루돌피눔 *Rudolfinum*도 있습니다. '루돌피눔'은 '예술가의 집'이라는 뜻으로, 음향이 매우 좋은 콘서트홀이죠. 제가 소개하고 싶은 극장은 스타보브스케 *Stavovské* 극장으로, 영어로는 '에스테이트 *Estates* 극장'이라고도 합니다. '유산'이라는 이름을 붙인 만큼 체코 사람들이 자존심을 걸고 지켜내는 극장이죠.

놀랍게도 내부 인테리어가 녹색인 데다가 층고가 높아서 매우 독특한 분위기를 풍깁니다. 모차르트가 프라하에서 인기가 많아지자 체코에서 활동을 많이 했는데요. 그래서 프라하, 특히 스타보브스케 극장에는 모차르트의 행적이 많이 남아있습니다. 특히 모차르트의 대표 오페라 〈돈 조반니 *Don Giovanni*〉를 초연했죠. 돈 조반니는 희대의 바람둥이인데, 이 악행을 참지 못한 저승사자가 나와서 남자를 잡아간다는 내용입니다.

이 극장은 모차르트의 생애를 다룬 영화 〈아마데우스〉의 촬영지이기도 합니다. 프라하는 전통과 역사가 유구한 도시로, 600년이 넘는 건물이 수두룩합니다. 〈아마데우스〉를 보면 굳이 그 시대 거리를

스타보브스케 극장

재현하지 않아도 그때의 흔적이 고스란히 남아있는 것을 볼 수 있습니다.

영국 런던으로 가보겠습니다. 우선 런던에는 코벤트가든 로열 오페라하우스*Covent Garden Royal Opera House*가 있습니다. 이 극장과 관련된 게임이 한 가지 있습니다. 〈어쌔신 크리드〉시리즈 중 세 번째 편에 잠깐 런던 장면이 나옵니다. 전반적으로는 미국 독립 전쟁을 배경으로 하고 있지만, 런던의 이 오페라하우스에서 접선하는 장면이 나오죠. 게임에서 조종을 하면 로열 오페라하우스에 들어갈 수 있습니다. 그곳에서는 존 게이*John Gay*가 각본을 쓰고 당시 유행 음악을 가지고 만든 〈거지 오페라〉라는 작품이 공연되고 있습니다. 게임에서 중요한 오페라를 경험할 수 있는 기회라니, 장르 간의 합작은 무궁무진하네요.

코벤트가든 로열 오페라하우스

이번에는 음악의 도시, 빈으로 가봅시다. 빈 국립 오페라하우스 *Wien Staatsoper*도 아주 화려하고 멋집니다. 영화 〈미션 임파서블〉에 등장한 곳으로 유명하죠. 또 '콘체르트하우스*Konzerthaus*'라는 콘서트홀은 세계 최고의 오케스트라로 손꼽히는 빈필하모닉이 연습하고 공연하는 곳입니다.

한편 빈필하모닉이 신년 음악회를 여는 곳은 콘체르트하우스로부터 한 블록 떨어진 무지크페라인*Musikverein*입니다. 무지크페라인은 '음악을 사랑하는 친구들'이라는 뜻으로, 화려한 황금빛 홀에서 신년 음악회가 펼쳐지죠. 이때 늘 등장하는 곡 중 하나인 요한 슈트라우스 1세의 〈아름답고 푸른 도나우강*An der schönen blauen Donau*〉을 들어봅시다.

 **아름답고 푸른 도나우강-슈트라우스**
대중적인 클래식 음악 중 하나로, 왈츠 형식이다. 이 곡은 오스트리아의 정서가 잘 드러나 비공식적인 국가로 불리기도 한다.

무지크페라인에 어떻게 신년 음악회를 보러 가냐고요? 예매를 해야 하는데, 독특하게도 추첨제로 선정됩니다. 티켓을 구입했다고 해서 무조건 갈 수 있는 게 아니죠.

지금까지 유명한 공연장을 소개해 드렸습니다. 이제는 외국에서 공연을 보는 것에 대해 이야기할 텐데요. 예를 들어 여러분이 외국 여행을 왔다고 해 봅시다. 이 도시에 유명한 공연장이 있다는 게 기억나서 표를 사려고 합니다. 하지만 이는 불가능합니다. 왜냐고요? 유럽의 공연은 대부분 현장에서 구매할 수 있는 표가 없거든요. 물론 호객 행위를 하면서 표를 파는 경우도 있는데, 이는 관광객을 대상으로 하는 가벼운 공연인 경우입니다. 만약 제대로 된 공연을 보고 싶다면 미리 3~4개월 전에 공연장 홈페이지에서 예매해야 합니다.

그런데 어떻게 외국어로 이루어진 오페라를 감상할까요? 오페라는 대부분 한글 자막이 달린 채로 영상이 나와 있습니다. 여행 가기 일주일 전, 그 영상을 훑어보세요. 영상이 없다면 인터넷에 대본을 검색한 뒤 인공지능 서비스를 활용해 번역해서 읽어도 좋습니다. 이렇게 줄거리를 어느 정도 파악하기만 해도 현지에서 오페라를 심도 있게 감상할 수 있습니다.

해외 공연장을 다니는 것, 어려워 보이지만 한 번 도전하면 누구나 할 수 있습니다. 국내에도 좋은 공연장이 참 많으니, 집과 가까운 공연장부터 시작해 해외로 나아가며 다양한 공연장에서 클래식 음악을 감상해 보는 건 어떨까요?

9강

역사 속의 음악

이번 강의에서는 역사와 함께한 음악들을 소개해보려 합니다. 음악은 결국 사람이 만들죠. 그렇기 때문에 당시의 문화, 정치, 역사적인 면들이 모두 음악에 스며 들어갈 수밖에 없습니다.

중세나 르네상스 시대를 배경으로 한 영화에서 귀족들이 피아노를 연주하고 음악을 감상하며 고풍스러운 취미를 즐기는 장면을 본 적 있을 겁니다. 혁명이나 전쟁을 다루는 영화에서는 병사와 군중이 힘찬 노래를 부르며 사기를 북돋우는 장면이 들어가기도 하죠. 이렇게 음악은 개인의 일상에 활력을 불어넣는 역할부터 온 국민을 단합시켜 역사를 바꾸는 역할까지 역사적으로 너무나 중요한 요소입니다.

9강의 PLAYLIST

✦

〈서민 귀족〉 서곡 - 륄리

〈피가로의 결혼〉 서곡 - 모차르트

교향곡 3번 '영웅' 4악장 - 베토벤

연습곡 Op. 10-12 '혁명' - 쇼팽

라데츠키 행진곡 - 슈트라우스 1세

히브리 노예들의 합창 - 베르디

교향곡 7번 - 쇼스타코비치

당신의 모든 영혼을 담아
느껴지는 대로 연주하라.

- 프레데리크 쇼팽

♪ 클래식 음악은 대중음악?

클래식 음악은 그 당시 대중음악이었을까요? 명확히 말하자면 대중음악이 따로 있었습니다. 술집 등에서 기타를 치며 노래하는 음악이었죠. 그러한 대중음악의 멜로디를 클래식 쪽에서 차용하기도 했습니다. 그래서 바흐의 조곡과 모음곡을 보면 대중적인 춤곡으로 이루어진 경우도 많습니다.

이렇게 대중음악과 정통 클래식 음악이 함께 발전하다가, 결국 교회의 후원을 받는 음악이 빠르게 치고 나가기 시작했죠. 바흐와 같은 시대를 살았던 헨델은 궁정에서 주로 작곡했기 때문에 대중적인 콘서트를 위한 곡을 많이 썼습니다. 흥행이 중요했기 때문에 흥행에 좌지우지되는 오페라를 주로 작곡했죠. 반면에 독일 교회에서 활동한 바흐는 오페라를 남기지 않았습니다. 바로크 시대의 양대 산맥, 바흐와 헨델은 서로 상반되는 음악에 몸담은 겁니다.

오페라는 귀족들만 감상할 수 있었을까요? 그건 아니었습니다. 바로크 시대에 이미 흥행이라는 요소가 자리 잡게 되면서 대중적인 오페라와 콘서트가 생겨났습니다. 하지만 교향곡은 다인원으로 구성된 오케스트라가 연주하기 때문에 돈과 권력에 좌지우지되곤 했습니다. 그래서 당시 정권을 가지고 있던 정부의 후원이 필요했고, 이 정권이 흔들리면 또 다른 장르의 음악이 만들어지기도 했습니다. 예를 들어 국왕이 교향곡보다 오페라를 더 좋아하면 오페라가 더 발전하는 식이었죠.

로렌초 데 메디치

🎼 예술의 후원자들

어느 가문이 예술을 부흥시키자고 작정하면 갑자기 그 시대 예술이 발전하기도 합니다. 특히 이탈리아 피렌체에서 활동한 메디치 가문은 당시 모든 분야에 영향을 끼칠 정도였습니다. 미술, 건축, 조각, 심지어 음악까지도요. 로렌초 데 메디치 *Lorenzo de' Medici*라는 인물은 음악가에게 많이 후원하기로 유명했죠.

프랑스 왕실에서는 루이 14세가 음악 발전에 기여했습니다. 〈왕의 춤〉이라는 영화에서는 10대인 루이 14세가 발레를 하는 장면이 등장합니다. 왕부터 춤과 음악에 열중하니, 당시 예술인들도 왕과 함께 연극에 참여하기 시작했죠. 프랑스 오페라의 창시자라고 불리는 몰리에르가 각본을 쓰고, 륄리가 작곡을 맡아 꽤 많은 작품이 나오게 됐습니다. 특히 이때 프랑스 발레와 오페라가 비약적으로 발전했습니다.

루이 14세

당시 작품 중 재미있는 제목의 오페라를 들어볼까요? 〈서민 귀족
Le Bourgeois gentilhomme〉 중 서곡입니다.

▶ 〈서민 귀족〉 서곡-륄리

절친한 극작가 몰리에르와 함께 작업한 희극으로. 발레 형식의 공
연으로 기획했지만 연극에 발레를 곁들인 형식이 된 작품이다. 서
곡은 우아하면서 생동감 넘치는 특징이 있다.

장바티스트 륄리

'서민 귀족'이라니, 모순적이죠? 서민 귀족은 벼락부자, 가짜 귀족을 의미하는 말이었습니다. 진짜 귀족이 되고 싶은 서민 부자 '주르댕'이 귀족 사회의 위선과 허영을 깨닫게 되는 코미디죠. 실제로 귀족 교육을 받지 못한 인물들이 벌이는 일들이 당시 귀족을 풍자하는 내용이었습니다. 왕실에서도 인기가 많았다고 합니다.

장바티스트 륄리*Jean-Baptiste Lully*라는 작곡가는 작곡도 하고 연주단을 구성해 지휘까지 했습니다. 륄리에게 독특한 사건이 하나 있었는데요. 예전에는 지휘자가 밑이 뾰족한 거대한 봉을 쥐고 휘둘렀습니다. 심지어 바닥을 쿵쿵 두드렸죠. 륄리는 지휘봉을 휘두르다가 그만 자신의 발등을 찍고 말았습니다. 그런데 발등에 염증이 곪아 사망했죠. 그래서 륄리는 음악사에서 가장 독특한 죽음을 맞이한 인물이라고 볼 수 있습니다.

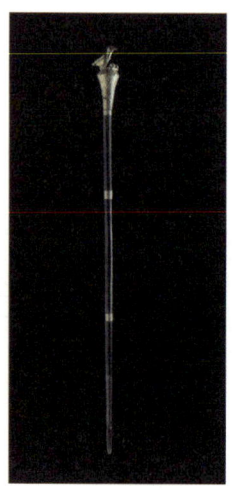

륄리의 지휘봉

영국은 어떨까요? 영국에서는 뛰어난 작곡가가 나타나면 왕실은 그를 후원하고, 후원받는 작곡가 몇 팀이 경쟁하는 구조를 갖추고 있었습니다. 팀은 작곡가, 대본 작가, 성악가로 구성된 사단이었죠. 특히 이탈리아 오페라가 영국의 후원을 받아 정착할 수 있었습니다. 귀족과 서민 모두 오페라를 즐겼는데, 영국 사람이 영어가 아닌 이탈리아어로 오페라를 감상하는 것이 답답할 수밖에 없었습니다. 영어로도 오페라를 보고 싶다는 수요가 늘어나자, 당시 영국에서 활동하던 헨델이 영어로 노래하는 오라토리오를 쓰기 시작했습니다. 노래가 중심이 되지만 연기하지 않고 합창단과 성악가가 노래를 번갈아 부르며, 오케스트라가 반주하는 종교 음악이었죠.

고전주의 시대에는 합스부르크 왕가의 후원을 받는 모차르트와 베토벤이 등장했습니다. 합스부르크 왕가는 신성 로마 제국을 통치한

안토니오 살리에리

마리아 테레지아 일가로, 오스트리아를 중심으로 유럽의 패권을 잡았던 가문입니다. 신성 로마 제국의 중심지인 빈은 군사, 교육, 미술이 한꺼번에 발달한 곳이었죠. 이 기세를 이어간 요제프 2세와 프란츠 2세는 유독 음악을 매우 좋아했습니다.

영화 〈아마데우스〉를 보신 분이라면 사람들이 황제의 눈치를 보는 장면을 기억할 겁니다. 황제의 취향에 따라 흥행의 성패가 좌지우지됐거든요. 모차르트가 오페라를 써서 무대에 올렸는데, 황제가 하품하자 난리가 납니다. '이제 모차르트는 끝났구나'라면서요. 당시에는 황제가 어떤 장르를 좋아하게 되면 그 장르가 발전하고, 경쟁 구도에 있던 작곡가 중 한 사람을 선택하는 일까지 벌어졌습니다.

모차르트는 워낙 재능이 출중했기 때문에 모든 사람의 총애를 받았을 것 같지만, 그렇지는 않았습니다. 안토니오 살리에리*Antonio*

〈피가로의 결혼〉 1막을 묘사한 삽화

*Salieri*라는 경쟁자가 있었죠. 경쟁 구도에 있긴 했지만 모차르트보다 선배였고, 왕실 분위기를 더 잘 알고 있었습니다. 살리에리는 '궁정 작곡가'라는 제대로 된 직업이 있었지만, 모차르트는 그렇지 못했습니다.

대신 모차르트의 오페라는 대중들에게 매우 인기가 많았죠. 특히 〈피가로의 결혼*Le nozze di Figaro*〉은 어깨에 힘 들어가 있는 귀족들이 바람을 피우는 이야기로, 귀족을 풍자하는 내용입니다. 귀족의 하인인 피가로가 결혼한다고 하자, 귀족이 그의 신부를 노립니다. 예전에는 하인이 결혼하면 주인이 신부와 먼저 하룻밤을 보내야 하는 '초야권'이라는 게 있었습니다. 이 나쁜 관습이 사라진 지 오래인데, 초야권을 우기며 우스꽝스러운 일들이 벌어지죠. 귀족의 치부를 보여주는 내용이니, 몇몇 귀족들에게는 눈엣가시였겠죠? 이 오페라는 음악적으로는 뛰어나다고 평가받았지만, 귀족들은 뒤에서 '경망스럽다' '음표가 너무 많다'며 수군댔죠.

정작 이 작품을 깊이 좋아한 사람들은 다른 나라 사람들이었습니다. 특히 체코에서 〈피가로의 결혼〉의 풍자성과 음악성을 높게 평가했습니다. 〈피가로의 결혼〉 중 서곡을 들어볼까요?

▶ 〈피가로의 결혼〉 서곡-모차르트

'프레스토' 속도로 빠르고 경쾌한 분위기가 느껴지는 곡이다. 조용하게 시작하는 이 곡은 이후 반전을 거듭하는 극적인 줄거리를 암시하듯 힘찬 멜로디로 발전한다.

서곡은 오페라 맨 처음에 나오는 곡인데, 시작부터 신나죠? 그만큼 정말 재미있는 오페라입니다. 그런데 반전에 반전을 거듭하는 이야기니 단단히 각오하고 봐야 한답니다.

자크루이 다비드의 〈나폴레옹 1세의 대관식〉

♪ 역사적 사건과 음악

　모차르트 이후에 등장한 베토벤 역시 왕실과 깊은 관련이 있었습니다. 루돌프 대공은 베토벤의 제자이자 후원자로, 베토벤은 이 사람을 통해 왕실과 가까이 지낼 수 있었죠. 하지만 베토벤은 자존심이 강한 사람이었습니다. 나중에는 왕실의 후원에서 벗어나기 위해 독립적인 작곡가가 됐죠. 물론 워낙 추앙받는 작곡가였기 때문에 그의 행보에 아무도 토를 달지 않았습니다.

　정치와 관련된 베토벤의 아주 유명한 일화가 있습니다. 베토벤의 〈교향곡 3번Symphony No. 3〉의 이름은 '영웅'입니다. 당시 나폴레옹 보나파르트Napoléon Bonaparte가 유럽을 휘젓고 다니며 위협적인 행보를 보이고 있었습니다. 오스트리아 빈에서는 그런 나폴레옹이 두려울 수밖에 없었습니다. 합스부르크 왕가는 유럽의 많은 가문과 결혼함으로써 어마어마한 권력을 쥐고 있는 사람들이었거든요. 그런데 나폴레옹이 민중을 해방하겠다며 프랑스 혁명의 정신을 설파하고 다니니, 무서웠겠죠.

그런데 베토벤은 나폴레옹을 보면서 이렇게 생각했습니다.

'이 사람, 정말 민중의 영웅이구나. 내가 나폴레옹의 정신을 기려야겠다.'

그래서 세 번째 교향곡을 작곡한 다음 '보나파르트에게 바치는 대교향곡'이라는 제목을 붙였죠. 빈에서 활동하는 작곡가가 나폴레옹에게 곡을 헌정한다니, 사실 매우 용감한 행동입니다. 나중에 나폴레옹이 국민투표를 통해 황제가 됩니다. 왕관을 쓰고 왕권을 자신의 것으로 만들려고 하자, 베토벤은 실망합니다.

'이건 아닌데. 내가 생각한 그런 영웅이 아니잖아.'

그래서 교향곡 3번의 제목을 '영웅'으로 고쳤다는 일화가 유명합니다. 4악장을 한번 들어봅시다.

▶ **교향곡 3번 '영웅' 4악장-베토벤**
베토벤의 작품 중 가장 유명한 곡 중 하나이며, 낭만주의 교향곡의 문을 연 곡으로 알려져 있다. 4악장은 다양한 형식을 활용한 독특한 변주곡 형식을 띠고 있다.

마르친 잘레스키의 〈바르샤바 병기고 점령〉

처음에는 강렬하게 시작합니다. 전주가 끝난 다음에는 조용하고 단순한 멜로디로 이어지죠. 이 멜로디는 나중에 같은 주제를 변주하며 점점 요란해집니다.

역사에 대해 설명하면서 전쟁 이야기를 빼놓을 수 없죠. 피아니스트였던 프레데리크 쇼팽 *Frédéric Chopin*은 피아노를 위한 에튀드를 많이 썼습니다. 에튀드는 손가락 움직임을 연습하는 곡이지만 쇼팽의 에튀드는 무대에서 연주할 만한 가치가 있는, 제대로 된 음악이었습니다. 그래서 사실 쇼팽의 에튀드는 연주 때 짧게 여러 곡을 연주할 수 있는 곡이었습니다. 그중 〈혁명〉이라는 제목이 붙은 에튀드가 있는데, 한번 들어볼까요?

피아노 독주곡이지만 격렬하고 힘이 있습니다. 우리가 쇼팽을 떠올릴 때는 '피아노의 시인'이라고 불리는 만큼 부드러운 음악을 연상하곤 하니, 뜻밖의 분위기라고 할 수 있습니다.

쇼팽은 폴란드 작곡가입니다. 당시 폴란드는 러시아, 오스트리아, 프로이센 등이 나누어 지배하던 상황이었죠. 그러자 1830년에 폴란드에서 러시아에 대항하는 '11월(바르샤바) 봉기'가 일어났는데, 실패로 끝났습니다. 쇼팽은 폴란드에서 빈으로, 빈에서 파리로 망명했습니다. 쇼팽이 빈에서 파리로 가던 중, 11월 봉기의 실패를 슬퍼하며 비극적인 분위기의 에튀드를 만들었죠. 자유를 위한 투쟁과 격정적인 감정이 담긴 〈혁명〉입니다.

전쟁의 아픔, 실패한 봉기를 표현한 곡도 있지만 승전가도 있었습니다. 요한 슈트라우스 1세의 〈라데츠키 행진곡 Radetzky March〉이라는 음악을 아시나요? 누가 시키지도 않았는데 관객들이 박수를 치면서 듣는 신나는 곡입니다.

요한 슈트라우스 1세

▶ **라데츠키 행진곡-슈트라우스 1세**

빈에서 오스트리아군의 승리를 축하할 때 흘러나온 곡이다. 멜로디의 첫 부분에서는 작은 소리로 박수를 치지만, 두 번째 멜로디부터는 요란하게 박수치며 관객이 함께 즐긴다.

요한 슈트라우스 1세와 2세는 모두 작곡가였습니다. 2세는 '왈츠의 왕'이라고 불릴 정도로 유명한 왈츠를 많이 작곡했다면, 아버지 1세는 이 〈라데츠키 행진곡〉으로 유명해졌죠.

그런데 이 곡에 왜 '라데츠키'라는 제목이 붙었을까요? 당시 이탈리아는 분리되어 여러 나라의 지배를 받고 있었습니다. 그래서 이탈리아에서 통일 운동이 일어났습니다. 특히 오스트리아의 지배를 받는 롬바르디아와 베네치아에서 이탈리아군이 봉기하며 쿠스토자 전투가 일어났죠. 이때 오스트리아의 라데츠키 장군이 나타나 봉기를 진압했습니다. 즉 〈라데츠키 행진곡〉은 승전국인 오스트리아 작곡가

리소르지멘토를 묘사한 그림. 'VIVA VERDI'라는 문구가 눈에 띈다.

가 쿠스토자 전투를 기리며 쓴 곡인 겁니다. 이탈리아인 입장에서는 불쾌한 곡일 수도 있겠죠?

이때 이탈리아는 조국이 분리되고, 지배를 받으니 한이 맺힐 수밖에 없었습니다. 그러자 이탈리아에서는 오랜 기간 통일 운동을 펼쳤죠. 이것이 나중에 리소르지멘토라는 격렬한 통일 운동의 성과로 이어졌습니다. '비토리오 에마누엘레 2세 왕에 의해 이탈리아를 통일하자'는 문구가 유행했는데, 'VIVA Vittorio Emanuele Re D'Italia', 줄여서 'VIVA VERDI'라고 불렸죠. 지난 강의에서 소개한 베르디가 여기서 또 등장하는 겁니다.

베르디가 갑자기 국민운동에 나선 이유가 있었습니다. 그가 초기에 쓴 오페라 두 작품이 크게 실패한 뒤, 오페라 작품 활동을 그만두

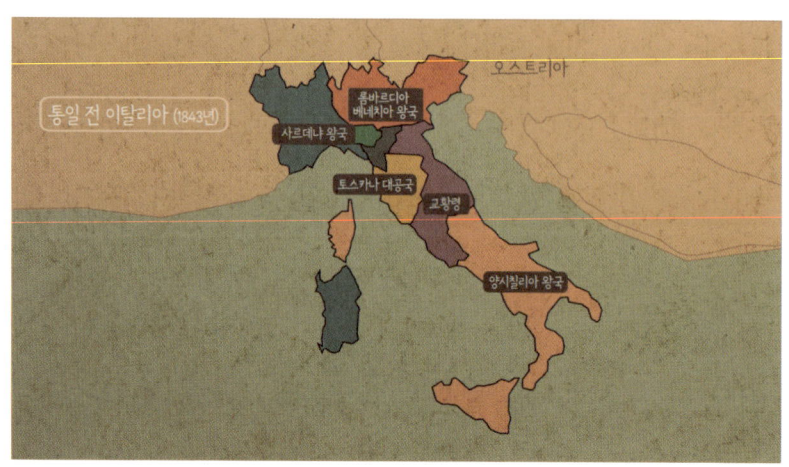

통일 전 이탈리아

려고까지 했습니다. 침대에 누워 아무것도 하지 못하고 있을 때, 누군가 대본을 슬쩍 던져주고 갔습니다. "명색이 작곡가인데, 정신 차려야지. 괜찮은 오페라 대본이 있으니 한번 봐"라고 하면서요. 그 사람이 떠난 뒤 베르디는 대본을 살펴보았습니다. 그런데 이런 가사가 적혀 있었죠.

날아가자, 황금 깃털을 등에 달고

이 가사를 본 베르디는 기운을 차리자고 결심하고, 이 대본으로 오페라를 만들었습니다. 구약 성경에 나오는 나부코 도노소루의 이야기를 다룬 〈나부코〉라는 오페라였죠. 이 작품에서 바벨론의 노예들이 감동적인 합창곡을 부릅니다. 조국을 떠올리며 '다시 고향 땅을 찾아야 한다'는 가사였는데, 이것이 통일 이탈리아 운동을 하는 모두의 심금을 울린 겁니다. 〈히브리 노예들의 합창*Coro di schiavi ebrei*〉, 들어 보시죠.

▶ 히브리 노예들의 합창-베르디

4막 구성의 오페라로, 바빌로니아의 왕인 나부코를 중심으로 벌어지는 바빌론 유수를 주제로 하고 있다. 〈히브리 노예들의 합창〉은 이탈리아의 민주주의를 상징하는 곡이 되었으며, 베르디를 대표하는 음악이 되었다.

이 음악을 들으며 많은 사람들이 눈물을 흘렸습니다. 나라의 언어가 사라지고, 말할 자유가 억압당하니 공연도 검열 대상이었죠. 하지만 〈나부코〉는 성경을 소재로 한다는 점 덕분에 검열을 피할 수 있었습니다. 이 오페라를 계기로 이탈리아에서는 리소르지멘토를 함께한 위대한 작곡가로 베르디를 꼽습니다. 음악과 함께 통일을 이룩하는, 이탈리아 역사상 가장 위대한 순간이 온 거죠.

이제 미국으로 가볼까요? 조지 거슈윈*George Gershwin*이라는 작곡가는 〈랩소디 인 블루*Rhapsody in Blue*〉를 쓴 것으로 유명합니다. 1강에서도 소개한 '랩소디'는 자유롭고 격렬한 음악을 의미합니다. 또 '블루'는 재즈 음계를 뜻하죠. 거슈윈은 백인인데, 어릴 때부터 흑인들과 어울리며 재즈 음악을 매우 좋아했습니다. 그래서 피아노가 멜로디를 연주하고 뒤에서 오케스트라가 반주하는, 피아노 협주곡 형태이지만 악장으로 나뉘지 않고 자유로운 음악인 〈랩소디 인 블루〉를 작

조지 거슈윈

곡하게 됩니다. 당시 클래식 음악 애호가들은 공연장에 가서 이 곡을 통해 흑인들의 음악을 감상할 수 있었죠.

그러면 흑인의 음악이 승격화돼서 고급문화로 자리 잡을 수 있었을까요? 그렇지 못했습니다. 우선 이 곡은 초연 당시 전부 백인이 연주했습니다. 그리고 여전히 흑인 예술가를 하류층으로 인식했죠.

제2차 세계 대전과 깊이 연관된 음악도 있습니다. 전투의 한가운데에 있던 음악, '레닌그라드Leningrad'라고도 불리는 쇼스타코비치의 〈교향곡 7번Symphony No. 7〉입니다. 당시 독일 나치군은 레닌그라드를 약 3년간 포위했습니다. 이는 전쟁사에서 매우 긴 포위전이었죠. 포위당한 상태에서 레닌그라드에는 식량과 물자를 공급받지 못했고, 안에 있는 사람들은 굶어 죽고 있었습니다. 나치군은 이를 의도해 항복을 받아내고자 했죠. 하지만 레닌그라드 사람들은 결코 항복하지 않았습니다.

포위전 중 소방관 제복을 입은 쇼스타코비치

포위전이 시작될 때쯤, 쇼스타코비치는 레닌그라드에 있었습니다. 그는 젊고 촉망받는 작곡가였기 때문에 사람들은 쇼스타코비치부터 구출하려고 했습니다. 정부는 쇼스타코비치와 그의 가족을 빨리 피신시켰죠. 쇼스타코비치는 피신 이후에도 레닌그라드의 사람들을 잊지 못하고 전쟁 당시의 참상을 교향곡으로 쓰게 됐습니다. 그래서 이 교향곡의 초연은 나치군에게 포위당한 상태에서 진행됐습니다. 레닌그라드 오케스트라는 처참한 상태에서 이 곡을 연습하고, 연주하게 됐죠.

▶ **교향곡 7번-쇼스타코비치**

레닌그라드를 기리기 위한 곡이다. 지역이 포위된 상태에서 교향곡의 악보를 마이크로필름으로 촬영한 뒤 전쟁 물자를 옮겨가는 비행기에 나눠 실어 이집트를 통과해 뉴욕으로 은밀하게 전달했다.

스네어 드럼이 일정하게 연주합니다. 나치 군대가 쳐들어오는 것을 연상시키죠. 중간부로 갈수록 점점 요란해지고, 현악기들도 거칠어집니다. 이는 뒷부분에서 최고조에 도달하는데, 마치 전쟁 한가운데 있는 듯한 웅장함이 전해집니다. 연주자들은 악기로 연주할 힘도 없었다고 합니다. 연주 중 쓰러지는 사람도 있었고, 연주가 끝난 뒤 사망한 사람도 있었죠. 길고 격렬한 음악이지만 이 음악이 우리가 살아가야 할 이유라는 생각으로 연주했을 겁니다. 이 사건은 전 세계적으로 엄청난 사건으로 대서특필되기도 했죠.

쇼스타코비치는 이런 말을 남겼습니다.

> 내 교향곡은 대부분 묘비명이다.
> 너무 많은 사람들이 죽었고
> 이들이 어디에 묻혔는지 알려지지도 않았다.
>
> 내 친구들도 그런 일을 당했다.
> 친구들의 묘비를 어디에 세우겠는가.
> 그런 일을 할 수 있는 수단은 음악밖에 없었다.

세상을 훌륭하게 바꿀 수 있는 건 예술입니다. 그래서 예술가들은 항상 그 책임을 가지고 있음을 잊지 말아야 한다고 생각합니다. 세상이 어두워져 예술가가 발언해야 할 때는 자신이 표현할 수 있는 예술로 기꺼이 말할 권리가 있다고 생각하고 있습니다. 나아질 기미가 없는 것처럼 절망적인 사건이 닥쳐도, 이를 이겨내기 위해 각자의 자리에서 최선을 다할 때 비로소 역사는 올바른 방향으로 흐르니까요.

이번 강의가 제가 들려드린 강의 중 가장 무거운 주제였던 것 같습니다. 하지만 이번 강의를 통해 예술이 지닌 힘이 얼마나 커다란지 깨닫는 계기가 됐길 바랍니다.

10강

음악의 역사와 미래

-AI와 음악의
동행에 대한 대담

어느덧 클래식 음악을 소개하는 마지막 시간 입니다. 그동안 수많은 음악가와 그들의 작품을 만나봤는데요. 최근에 역사상 가장 놀라운 창작자가 등장했습니다. 마음만 먹으면 한 번에 수백 개의 곡도 써낼 수 있는 존재, 바로 AI죠. 음악과 관련된 기술이 어떻게 여기까지 이르렀을까요? 음악과 첨단 기술, 나아가 음악의 미래에 대한 이야기를 시작해 보겠습니다.

10강의 PLAYLIST

✦

헬리콥터 4중주 - 슈톡하우젠

베토벤 교향곡 10번 - 베리 쿠퍼

고난의 시기에 동요하지 않는 것.
이것이 뛰어난 인물이라는 증거다.

- 루트비히 판 베토벤

🎼 축음기부터 음원 스트리밍까지

음악에 기술이 결합하기 시작한 시기인 20세기로 돌아가 봅시다. 1877년, 토머스 에디슨*Thomas Edison*이 축음기를 발명했습니다. 이 원통형 축음기로 소리를 기록할 수 있게 됐죠. 이제부터는 직접 연주 회장에 가지 않아도 어디서든 음악을 들을 수 있는 겁니다. 예술계의 혁신이었습니다. 사람들은 축음기를 보고 굉장히 신기해했습니다.

작곡가들은 이 기술을 적극적으로 활용하기 시작했습니다. 브람스는 축음기로 자신의 음성을 직접 녹음하기도 했습니다. 그 음성은 잡음이 매우 심해서 알아듣기 어렵지만, "I'm Dr. Brahms"라는 식으로 이야기하는 아주 신기한 장면이죠. 라흐마니노프도 자신의 피아노 연주를 많이 녹음했기 때문에 지금도 역사적인 실연을 확인할 수 있습니다.

1920년대에는 라디오가 등장했습니다. 1920년 11월, 미국에 최초의 라디오 정규방송국인 피츠버그 KDKA가 설립됐죠. 라디오라는 매체는 모든 장르의 음악이 대중화되는 데 아주 결정적인 역할을 하게 됩니다.

그즈음, 전자 악기들도 나오기 시작했습니다. '테레민'은 세계 최초의 전자 악기는 아니지만 처음으로 상업적으로 성공한 독특한 전자 악기였습니다. 손 모양만으로 음높이를 조절할 수 있었죠. 이 악기는 오케스트라에서도 활용돼서 영화 〈ODNA〉의 수록곡으로도 등장했죠. 특히 이 수록곡은 쇼스타코비치가 작곡한 것으로 유명합니

토머스 에디슨과 축음기

다. 1930년대에는 전자 오르간, 1950년대에는 신시사이저가 나타났습니다.

카세트테이프로 음원을 들어본 기억, 있으시죠? 자기 테이프라는 매체는 1944년에 특허받아 등장했습니다. 제2차 세계대전 후 독일에서 개발한 뒤 미국에 소개됐거든요. 테이프도 매우 혁신적인 기술이었는데, 소리를 녹음할 수 있다는 것은 축음기와 동일하지만 편집하기 훨씬 쉬웠습니다. 이전까지는 음악을 녹음하다가 실수하면 처음부터 다시 녹음해야 했는데, 이제 특정 부분만 떼어내 정밀하게 이어붙일 수 있게 됐습니다. 이것은 클래식 음악을 넘어 영화계에서도 필름을 편집하는 방식으로 이용됐죠.

그다음으로는 1948년 콜롬비아 레코드사가 LP를 개발했습니다.

테레민을 연주하는 모습

이제 사람들은 음반을 구입해 좋아하는 클래식 음악을 들을 수 있었죠.

　1960년대와 1970년대에는 신시사이저가 본격적으로 오케스트라를 포함한 다양한 음악에서 활용되기 시작했습니다. 그러다 보니 현대 작곡가들이 전자 음악을 활용하는 경우가 많아졌죠. 대표적인 작곡가로는 카를하인츠 슈톡하우젠*Karlheinz Stockhausen*이 있습니다. 당시에는 연주만 하는 것이 아니라 녹음을 통해 자신의 완성된 음악을 전달하려고 했는데, 〈헬리콥터 4중주*Helikopter-Streichquartett*〉라는 독특한 음악을 만들었습니다.

〈헬리콥터 4중주〉 연주에 활용된 헬리콥터 4대

▶ **헬리콥터 4중주-슈톡하우젠**

4대의 헬리콥터가 등장하는 음악으로, 헬리콥터 안에 조종사, 연주자 한 명. 음향 기술자들이 타서 동시에 공중을 날아다니면서 연주한다.

드디어 1982년, CD가 등장했습니다. 저는 CD의 등장을 과학 잡지에서 처음 봤을 때, 깜짝 놀랐습니다. 잡음이 없고 레이저로 음악을 꺼내는 기술이라니! 게다가 LP나 카세트테이프보다 훨씬 좋은 음질과 긴 수명이 큰 장점이었죠.

그 이후에는 드디어 인터넷이 발전했습니다. MP3처럼 음악을 전송하기 좋게 압축한 대신 음질이 다소 떨어지는 스트리밍 음원 시대가 도래했죠. 음반을 구입한다는 건 옛날이야기가 됐고, 어떤 플랫폼에서 어떤 앨범을 스트리밍해 듣는지가 일상적인 대화 주제가 됐습니다.

🎼 AI와 예술, 그 경계는 어디까지일까?

현재는 AI가 시대를 장악하고 있습니다. AI가 개인 맞춤형 음악도 추천해 주죠. 음악을 검색하기도 쉬워졌고, 나만의 플레이리스트를 생성하는 것도 전례 없이 쉬워졌습니다.

그런데 AI는 음악 추천을 넘어 음악을 직접 만드는 일까지 하고 있다는 것, 아시나요? 일부 AI 작곡 프로그램에서는 몇 번만 클릭해도 음악 한 곡을 만들어주기까지 합니다. 이런 상황에서 예술가들은 이제 어떻게 될까요? 이제 예술가의 시대는 끝났다는 의견도 있고, 이제 새로운 시작이라는 의견도 있는데요. 이를 보다 선명한 시선으로 바라보기 위해 AI 전문가이신 박태웅 의장님을 모셔서 말씀을 나눠 보았습니다.

박태웅
現) 녹서포럼 의장
前) 한빛미디어 이사회 의장
前) 민주연구원 '모두의 질문Q' 대표

조윤범 AI가 예술계마저 장악하는 게 아닌가, 라는 말이 나오고 있는 요즘. 이제 예술가들은 어떻게 되는 걸까요? AI 전문가이신 박태웅 의장님을 모셨습니다. 안녕하세요?

박태웅 안녕하세요, 반갑습니다.

조윤범 의장님께서 음악을 굉장히 좋아하신다고 들었습니다. 어떤 계기로 음악을 사랑하게 되셨나요?

박태웅 삼촌이 성악가셨어요. 고등학교 때까지는 삼촌을 따라 성악을 해보면 좋겠다고 생각했습니다. 지금은 조금 다른 길을 걷고 있지만, 음악 애호가로서 공연도 많이 보러 다니고 노래방도 많이 간답니다.

조윤범 AI 전문가로서 요즘 생각이 많을 수밖에 없으실 것 같습니다. 예술, 특히 음악계를 흔들어놓을 정도니까요.

박태웅 네, 맞습니다. AI가 요즘 매일 발전하고 달라지잖아요. 매우 훌륭해진 건 사실이에요. 그래서 지금은 이렇게 말씀드릴 수 있을 것 같아요. '연구를 하거나 리포트를 쓸 때 AI를 쓰지 않고 혼자 작업하는 일은 영원히 사라졌다.'

조윤범 공감되네요. 교수님도 실제로 그렇게 활용하고 계시죠?

박태웅 네, 이를테면 AI에 대한 논문이 매우 많이 나오고 있죠? 저는 논문을 혼자 읽지 않습니다. 먼저 챗GPT나 제미나이에게 주고, 요약시키고, 토론하죠. 그다음, 이 논문을 다 읽을지 말지 판단합니다. 만약 그전까지 몰랐던 새로운 지식이 충분히 들어있는 논문이라면 다 읽어보고, 원래 알고 있던 지식을 조금 더 보충하는 정도에 그친다면 요약본만 읽습니다.

제가 깊이 파본 적 없는 분야와 관련해 AI와 함께 논문을 쓴 적도 있습니다. 그다음 그 분야 전문가에게 보여드렸죠. 그러자 너무 훌륭하다고 평가하셨어요. 그 정도로 AI의 발전은 엄청납니다.

조윤범 그렇게 AI의 도움을 받으면 여가시간이 많아지시나요? 작업을 더 빨리 하게 되시죠?

박태웅 네, 작업이 더 빨라집니다. 또 AI와 토론하는 과정이 너무 재미있죠.

조윤범 그렇죠. 저희도 공연을 기획할 때 AI를 많이 활용합니다. 저는 공연 포스터 일러스트 작업을 AI에게 맡겨 다양한 디자인을 만듭니다.

박태웅 포스터가 너무 멋있더라고요.

조윤범 감사합니다.

조윤범 제가 아는 관계자들은 공연을 기획할 때 AI로 대중이 좋아
하는 클래식 곡을 고르기도 합니다. 예전에는 이런 일을 하
는 기획자가 따로 있었는데 이제 그 자리를 AI가 차지하는
거죠. 공연을 위해 편곡할 때도 AI를 활용하면 정말 편리해
집니다. 원래는 시간이 많이 걸리는 작업이었거든요.
개인적으로 음악계는 AI의 침투가 비교적 늦은 편인 것 같
습니다. AI를 사용하는 사람들의 데이터가 적은 편이라 그
런지 모르겠지만, 아직 완벽하진 않습니다.

박태웅 맞습니다. 하지만 모르겠습니다, 몇 달 만에 완벽한 AI가
나타날지도 모르죠. 정말 빠르게 발전하고 있으니까요.

🎼 AI의 창작 능력은 어디까지?

조윤범 AI가 친숙한 도구인 건 사실입니다. 하지만 걱정도 됩니다. 특히 창작을 요하는 분야에서 문제가 많이 생기거든요. 음악을 작곡해 저작권협회에 등록했는데, 그중 일부가 AI로 만들어진 게 확인된 사건이 있었습니다. 협회에 등록하면 저작권 수입료를 받는 시스템이거든요. 협회 측에서는 AI로 만든 음악에 대해 저작권을 취소했죠. 이 뉴스를 보면서 저는 '과연 언제까지 이런 규제가 이루어질까?'라는 생각도 들더라고요. 지금 기술로 AI로 만든 작품이라는 것을 판별할 수 있을까요?

박태웅 어렵죠. 추정만 할 수 있을 뿐일 겁니다. 그래서 법적으로 제한을 걸기 힘듭니다. 저작권법에 'AI를 활용한 저작물은 저작권을 인정하지 않는다'라는 규정이 있긴 하지만, 마음먹고 속이려고 하면 알 방법이 없습니다. 예를 들어 AI가 작곡한 곡을 사람 손으로 채보해서 제출하면 구분하기 어렵죠.

조윤범 그렇네요. 작곡가들이 위기감을 크게 느낄 것 같다는 생각이 드네요.

박태웅 예전과 완전히 달라진 새로운 세상이 열린 거예요. 앞으로 AI를 쓰지 않고 혼자 연구하는 일은 영원히 사라질 거라고 말씀드렸죠? 사실 이 정도면 세상이 뒤집히는 획기적인 일입니다. 세상이 뒤집혔는데도 그걸 알아채기 어려울 정도로 체감되지 않습니다. 그게 바로 AI의 놀라운 점입니다. 오늘이 어제와 똑같은 것 같은데 완전히 바뀌었다니, 놀랍지 않나요?

조윤범 제가 어릴 때, 드라마 〈미션 임파서블〉 시리즈 중 유명 화가의 그림을 속이는 내용이 있었습니다. 컴퓨터가 화가의 그림체를 인식한 뒤 새로 그렸고, 이 그림을 우리가 발견하지 못한 화가의 그림인 것처럼 완벽하게 속였죠. 당시에는 인공지능이라는 건 공상과학영화에서나 있을 법한 기술이었을 겁니다. 그런데 지금은 정말 이런 일이 벌어질지도 모른다며 걱정하고 있습니다.

박태웅 화가의 붓질을 따라 하는 게 어렵습니다. 두께, 농도, 패턴, 힘을 이해해야 하거든요. 여기서는 왜 붓을 세게 눌렀을까? 이런 것들 말이죠. 그런데 이런 일도 기구만 있다면 똑같이 재현할 수 있을 겁니다. 그 화가의 그림이 많고 그림체의 특징을 전부 데이터화할 수만 있다면, 붓질까지 완벽한 그림이 나올 수도 있습니다.

조윤범 그런 경우 진품과 가품을 판단하기 어렵겠네요.

박태웅 불가능에 가깝습니다. AI가 이 작업을 하는 원리를 설명해볼게요. AI 모델을 둘로 나눠, 하나는 그림을 생성하고 다

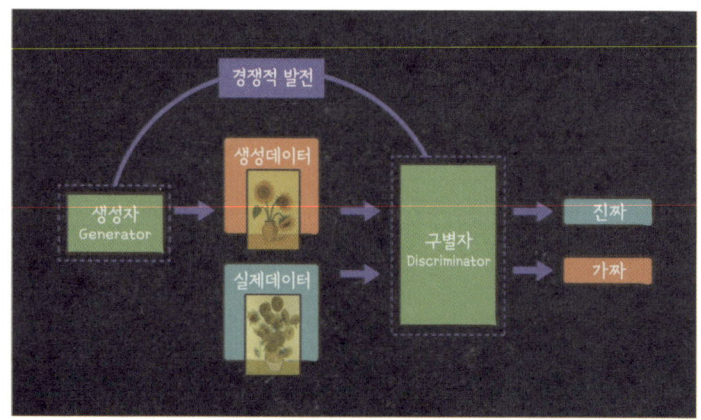

AI가 미술 작품을 모사하는 원리

른 하나는 이 그림이 진짜인지 가짜인지 알아채는 원리입니다. 두 번째 모델이 '이 그림은 진짜다'라고 속을 때까지 첫 번째 모델이 그림을 그리는 거예요. 이렇게 만든 건데 어떻게 구별할 수 있겠습니까?

조윤범 맞습니다. 이제는 사람들이 '베토벤의 새로운 곡을 발견했다!'라고 해도 믿지 못하겠습니다.

박태웅 그렇죠. 이미 비슷한 사례가 있었죠?

조윤범 네, 유명한 작곡가의 곡이 발견됐다고 했지만 알고 보니 다른 사람이 쓴 작품이었고, 이미 경매에서 팔렸기 때문에 범죄가 됐습니다.

물론 국제적인 프로젝트로 그런 일을 하기도 합니다. 예를

베리 쿠퍼

들어 베토벤은 교향곡 9곡을 남기고 10번째 교향곡은 스케치만 남겼는데요. 이 스케치를 토대로 10번째 교향곡을 작곡한 사람도 있었습니다. 베리 쿠퍼*Barry Cooper*라는 작곡가로, 이 작품에는 자신의 이름을 남겼죠. 한번 들어볼까요?

▶ **베토벤 교향곡 10번-베리 쿠퍼**

1988년, 베토벤의 1악장 스케치를 보고 쿠퍼가 구성했다. 그는 베토벤의 음악적 구성과 스케치 제작에 최대한 가까이 접근했다고 주장했다.

이 곡을 들은 사람들의 반응은 뜨거웠습니다. 음악 애호가들은 "아니야, 베토벤이 아니라 당신이 쓴 티가 너무 많아. 베토벤이라면 그렇게 안 썼을 거야"라고 반응했습니다. '이 부분은 베리 쿠퍼가 창작했고, 이 부분은 베토벤이 창작한 부분이다'라고 가늠해 보는 것도 유행했죠.

나중에는 AI가 베토벤 10번 교향곡을 완성하기도 했습니다. 베토벤 탄생 250주년을 기념해 음악학자와 AI 전문가가 베토벤의 음악적 특징을 데이터로 만들고, 그것을 AI가 학습해 18개월 만에 완성했죠. 이 곡은 2021년 독일에서 초연됐습니다.

당시 뉴스에서는 긍정적으로 평가했지만, 몇몇 사람들은 "이건 베토벤이 아니야. 옛날에 베리 쿠퍼가 작곡한 게 훨씬 나아"라고 말했죠. 베토벤 피아노 소나타의 멜로디를 그대로 가지고 온 것 같은 부분도 있었고요. 저도 조금 어설프다는 생각이 들었습니다.

박태웅 AI는 결국 학습한 데이터에서 잠재된 패턴을 찾는 시스템이거든요. 그러니까 들어봤을 법한 멜로디를 되풀이할 수밖에 없는 겁니다.

조윤범 네, 그렇다 보니 AI 기술이 덜 발달한 당시에는 어쩔 수 없었을 겁니다. 하지만 지금 베토벤 10번을 AI가 작곡한다면 또 다를 게 분명해요.

♪ AI 작품은 예술인가?

조윤범 그러면 의장님, 저작권 문제에 대해서도 이야기해보고 싶은 데요. AI로 만든 음악이 있는데, 이 음악을 내 곡인 것으로 발표하고 싶다면 어떻게 해야 한다고 보시나요?

박태웅 우선 AI로만 만든 곡은 전 세계적으로 인정하지 않습니다. 그런데 이제 새로운 시대가 열렸기 때문에 회색 지대가 있어요. 그중 하나가 'AI라는 도구의 도움을 받아서 내가 작곡했다'라고 말하는 겁니다. 그 경우는 저작권을 인정해 주는 추세거든요.

그런데 "AI의 도움을 받았다는 게 무슨 뜻인데?"라고 물어본다면, 사실 대답하기 애매합니다. 한계가 명료하지 않거든요. 그러니까 현재는 그 한계를 만들어 가야 하는 단계인데, 아직 AI라는 놀라운 도구에 대해 당황하고 혼란스러워하는 상황입니다.

다만, 이렇게 생각해 볼까요? 가수 밥 딜런*Bob Dylan*이 어쿠스틱 기타만 치다가 처음으로 일렉 기타를 가지고 왔을 때, 일부 팬으로부터 배신자라는 어마어마한 비난에 시달렸는데요. 하지만 결국 밥 딜런의 선택이 옳았죠. 그리고 카메라가 처음 등장했을 때도 사람들은 사물을 그대로 찍는 게 어떻게 예술일 수 있냐며 비난했습니다. 하지만 지금은 사진이 하나의 예술 장르로 자리 잡았죠. 똑같은 카메라를 가

일렉 기타를 연주하는 밥 딜런

지고도 찍는 사람에 따라 사진이 달라지고, 보정하는 방법
도 다 다르니까요.

그렇다면 'AI 어시스턴트'도 충분히 예술이 될 수 있다고 예
측할 수도 있겠죠. 하지만 이전에 등장한 도구들과 차원이
다르다는 점에서 저작권과 관련한 논쟁이 길게 이어질 것으
로 예상합니다.

조윤범 저희가 이전 9개의 강의에서 감동적인 음악을 많이 들었
죠? 그런데 오늘날, 어떤 음악을 들었는데 너무 감동적이
었다고 해봅시다. 알고 보니 전부 AI가 작곡한 곡이었던 거
죠. 이에 대해 어떻게 반응하시겠습니까?

박태웅 굉장히 당황스러울 것 같네요.

조윤범 맞습니다. '이 작품은 인간이 만들어냈기 때문에 감상자가 감동을 받았다'라는 말이 흔들리게 되죠.

박태웅 그 말이 흔들리는 건 어쩔 수 없습니다. 대신 조금 더 깊이 들어가서, '예술이 무엇인가?'라는 근본적인 질문으로 돌아가야 합니다. 사실 인류는 예술에 관한 합의된 정의를 갖고 있지 않습니다. 예술은 주체와 객체가 함께 작용하는 영역이라서 주관적인 부분도 있기 마련입니다.

예를 들어 가을에 단풍이 든 산을 찍은 사진을 떠올려 보세요. 어떤 사진은 채도를 엄청나게 올려 보정하는 바람에 단풍이 과하게 빨갛게 보이기도 하죠. 어떤 사람들은 '보정하는 건 좋은데, 채도를 저렇게 올리면 어떡하나?'라고 생각하지만, 또 다른 사람들은 '우와, 너무 아름답다. 어떻게 저런 사진을 찍을 수 있지?'라고 감탄합니다.

이렇게 주관과 객관이 어우러진 예술은 정의하기 어렵습니다. 그래서 예술에 대해 이야기할 때는 객관적으로 합의할 수 있는 부분을 다뤄야 할 수밖에 없죠.

그런데 AI에 대해서도 생각해 봅시다. 인공지능이란 지능을 인공으로 만드는 거잖아요. "그러면 지능이 무엇인가요?"라고 묻는다면 뭐라고 대답하시겠습니까? 사실 지능이 무엇인지 확실하게 정의할 수 없습니다. 이는 예술의 '주체'에 대해 설명하기 어렵다는 것을 의미합니다.

조윤범 인류가 '이것도 예술이고, 저것도 예술'이라고 쳐주면서 예술의 정의가 발전한 게 아니겠습니까. 변기를 전시해 둬도 예술이 됐듯이요. 그런데 AI 시대가 도래하니 모든 경계가 흐릿해진 겁니다.

박태웅 맞습니다. 처음으로 인간 외에 자율적인 지능이 생긴 건 인류사에서 한 번도 없었던 일입니다.

♪ AI 시대 예술의 도전

박태웅 예술을 '시대의 거울'이라고 말하는 경우가 있지 않습니까? 이는 이때까지 우리가 보지 못했던 방식으로 세상을 보게 해 준다는 뜻입니다. 대표적인 예술이 인상주의 그림입니다. 인상주의 이전에는 물체를 잘 모사하는 게 그림의 가치를 결정지었습니다. 그런데 이때 카메라가 등장했습니다. 아무리 화가가 그림으로 모사를 잘한들 카메라를 이길 수 있을까요?

하지만 그림의 시대는 끝나지 않았습니다. 인상주의 화가들이 물체나 풍경을 모사하는 것을 넘어 자신이 세상을 보는 시선을 담은 그림을 그리기 시작한 거예요. 르누아르, 모네, 고흐 그림을 베껴서 그린 그림들을 아무도 예술이라고 인정하지 않습니다. 새로운 시각, 전환, 통찰을 던져주지 못하는 모방에 불과하기 때문이죠.

조윤범 의장님 말씀을 듣다 보니, 이런 생각도 듭니다. AI는 패턴을 인식하는 능력이 강하죠. 그러면 바로크 시대, 낭만주의 시대, 인상주의 시대 음악의 패턴을 전부 감지한다면, 그다음 시대를 AI가 만들 수 있지 않을까요?

박태웅 저는 잘 모르겠습니다. AI에게 인상파 이전까지의 모든 그림을 학습시켰을 때, AI는 인상주의 그림을 그릴 수 있을까요? 저는 회의적입니다.

조윤범　조금 의외네요.

박태웅　왜냐하면 인상주의라는 것은 카메라라는 혁신적인 기계가 등장해서 가능해진 거거든요. 그러니까 인상주의는 그 패턴이 일정하지 않습니다. AI는 기본적으로 잠재된 패턴을 찾아내는 건데, 인상주의는 패턴이 따로 없습니다.

조윤범　예전에는 전통적인 패턴으로부터 벗어나려고 노력해서 새로운 예술이 나타났다면, 지금은 그 패턴을 인식하는 AI로부터 벗어나야만 예술로 인정받는 과도기라고 볼 수 있겠어요.

박태웅　네, 저는 현대음악, 현대 무용, 현대 미술이 다 그 지점 때문에 매우 힘든 상황이라고 생각해요. 기존의 패턴을 넘어서서 새로운 걸 만든다는 방향성이 있기 때문이죠. 그런데 예술에는 상업 예술도 있습니다. 음악의 경우, 클래식 음악과 상업 음악은 차이가 크죠. 현대음악 중 무조음악은 듣고 있으면 괴로울 정도일 겁니다. 세상을 보는 새로운 시선인 건 틀림없지만, 그 시야가 정말 비주류적인 거죠.

이렇게 '현대'라는 말이 붙은 예술은 점점 힘들어질 거라고 생각합니다. 특히 클래식은 이미 죽은 바흐, 베토벤, 슈베르트, 모차르트의 위대한 음반들과 경쟁해야 하니까요. 그 상황에서 AI가 등장하니, 큰일 났다는 생각을 계속할 수밖에 없습니다.

조윤범 저도 AI를 긍정적으로 바라보기만 하고 싶습니다. 하지만 한편으로는 점점 두려워지기도 해요.

박태웅 음악뿐만이 아니라 모든 분야가 그렇습니다. 그러니 이를 즐길 수 있는 것으로 바꿔야 하죠.

조윤범 예술가들이 고군분투해야 합니다. AI의 침투를 어떻게 피해서 예술 장르를 지키고 넓히느냐, 이 연구에 집중해야 하지 않을까요?

박태웅 예술의 본질이 바로 그겁니다. 기존에 있던 모든 걸 깨뜨리는 데서 예술이 시작하는 거니까요. 기존 질서에 대한 반역으로서 새로운 예술이 탄생합니다. 물론 지금은 어느 분야에 있든지 AI에 대해 열심히 공부해야 합니다. AI는 앞으로 세상을 완전히 바꿔 놓을 것이기 때문이죠.

조윤범 사람들과 이야기하다 보면 대부분 아직 낙관적인 시각을 갖고 계시더라고요. '우리 분야는 괜찮을 거야'라면서요.

박태웅 저는 그렇게 생각하지 않습니다.

조윤범 동의합니다. 예전에는 예술 같은 창조적인 분야에 이러한 '재앙'이 가장 늦게 닥칠 거라고 했는데, 체감상 가장 빨리 닥치는 것 같기도 하네요.

박태웅 어떤 분야든 AI와 관련된 문제가 점점 커질 거라는 걸 인정해야 한다고 생각합니다. 그리고 모여서 논의하는 장이 필요하다고도 봅니다. 우리가 이렇게 결정하면 어떤 결과가 나올지, 어떤 부작용이 나올지 충분히 시간을 두고 검토해야 하죠.

그런데 문제가 두 가지가 있습니다. 첫 번째, 변화가 너무 빠르다는 겁니다. 논의하던 중에 새로운 기술이 나와서 논의할 필요가 없는 것이 되어버리기도 하죠. 두 번째, 학제 간 연구를 하지 않고 있습니다. 그 이유는 AI에 대해 무지한 학계가 많기 때문입니다. AI가 무엇인지부터 교육해야 하니까요. 하지만 인류가 AI의 적절한 활용과 규제에 대해 하루빨리 대처하지 않으면 큰일 난다는 건 분명합니다.

이제 정부의 역할이 중요합니다. 학제 간 연구가 충분히 될 수 있도록 해야 하고, 다른 분야의 연구원들도 AI를 이해할 수 있도록 도와야 합니다. 정부가 충분한 예산을 들여서 장기간에 걸친 연구를 해야 하는데, 우리나라뿐만 아니라 국제 협업으로도 이어질 수 있도록 해야 합니다.

우리나라도 클래식 음악계에서 너무 훌륭한 예술가들을 많이 배출하고 있죠. 임윤찬, 조성진, 정명훈 등이 있어요. 클래식 음악의 종주국이라고 이야기하는 유럽에서 논의가 이루어지는 게 좋긴 하겠지만, 첨단과 발전의 도시라는 이미지를 가진 우리나라에서 음악과 AI와 관련된 논의를 하는 것도 충분히 좋다고 봅니다. 그러니 우리나라의 클래식 예술가들이 서둘러 AI를 이해할 필요가 있다는 거죠.

🎼 AI와 함께하는 미래

조윤범 자, 그러면 음악 감상자의 입장에서는 AI 시대를 앞두고 무
엇을 준비해야 할까요? 〈나의 두 번째 교과서〉 시즌 2 음
악편을 통해 클래식에 관심을 가지게 된 분들이 많아졌는데
요. 클래식 음악을 통해 삶을 윤택하게 가꾸고 싶은 여러분
이 필요한 건 무엇일까요?

사실 한국은 너무 바쁘게 살아가는 사람들로 가득합니다.
여유가 없는 게 개인의 잘못은 아니겠죠. 세계 10대 경제
대국이 됐는데 사회적 안전판을 구축하지 못하는 점, 학생
들이 입시 지옥에 빠져 시험 점수에만 매달리고 힘들어하는
점… 이런 것에 대해 반성하고 제도를 바꾸려는 노력을 하
면, 결국 그때 비로소 음악을 즐기며 살 수 있는 공간이 열
리지 않을까요?

요즘은 클래식을 즐기고 연주하면 먹고살기 어려워질 거라
는 인식이 있죠. 하지만 저는 이러한 인식이 곧 바뀔 거라
고 생각합니다. 스스로 일하면서 엄청난 생산성을 보여주는
AI가 나왔으니까요. 이제 우리도 클래식을 즐기며 '어, AI
도 작곡 좀 할 줄 아네?'라는 여유 있는 시선으로 인공지능
을 바라볼 수 있게 될 겁니다.

우리가 바이올린을 배우고 싶은 이유가 현대의 파가니니가
되고 싶어서는 아니잖아요. 악기를 연주하는 게 즐겁기 때
문이죠. 예술은 어차피 우리의 행복을 위해 만든 겁니다.

이 의의를 잃어버리지 않기 위해 모두가 노력해야 합니다.

박태웅 AI도 마찬가지입니다. 우리가 세탁기를 만든 이유는 빨래를 편하게 하기 위해서이고, 식기세척기를 만든 이유는 설거지를 편하게 하기 위해서입니다. AI를 만든 이유도 일을 편하게 하기 위해서죠.

조윤범 맞습니다. 물론 지금은 AI에 잠식당할 위험을 앞두고 있지만, 그 위험을 극복하고 AI를 만든 목적에 맞게 나아가려고 노력해야 합니다.

조윤범 〈나의 두 번째 교과서〉 시즌 2 음악편, 클래식 음악에 대해 파고드는 강의의 마지막 시간에 참여해 좋은 말씀을 전해주셔서 감사합니다.

박태웅 덕분에 AI와 음악에 대한 진지하고 흥미로운 토론을 할 수 있었습니다. 불러주셔서 감사합니다.

조윤범의 다시 만난 음악

1판 1쇄 발행 2026년 1월 2일

저   자 | 조윤범
기   획 | EBS 제작팀
발 행 인 | 김길수
발 행 처 | ㈜영진닷컴
주   소 | ㈜08512 서울 금천구 디지털로9길 32
　　　　　갑을그레이트밸리 B동 10층 ㈜영진닷컴
등   록 | 2007. 4. 27. 제16-4189호

©2026. ㈜영진닷컴

ISBN | 978-89-314-8159-4

YoungJin.com **Y.**